21世纪广播电视专业实用教材
广播电视专业"十三五"规划教材

# TELEVISION PLAYWRIGHT-DIRECTOR BASIS

# 电视编导基础

（第3版）

韩斌生　著

中国传媒大学出版社
·北京·

图书在版编目(CIP)数据

电视编导基础/韩斌生著. --3版. --北京:中国传媒大学出版社,2019.9
(2021.12重印)
ISBN 978-7-5657-2593-7

Ⅰ.①电… Ⅱ.①韩… Ⅲ.①电视节目制作—教材 Ⅳ.①G222.3

中国版本图书馆 CIP 数据核字(2019)第 209327 号

---

**电视编导基础(第3版)**
DIANSHI BIANDAO JICHU(DI-SAN BAN)

| | |
|---|---|
| 著　　者 | 韩斌生 |
| 策划编辑 | 程　平 |
| 责任编辑 | 程　平　蒋　倩 |
| 责任印制 | 李志鹏 |
| 封面制作 | 泰博瑞国际文化传媒 |
| 出版发行 | **中国传媒大学**出版社 |
| 社　　址 | 北京市朝阳区定福庄东街1号　邮　编　100024 |
| 电　　话 | 86-10-65450528　65450532　传　真　65779405 |
| 网　　址 | http://cucp.cuc.edu.cn |
| 经　　销 | 全国新华书店 |
| 印　　刷 | 唐山玺诚印务有限公司 |
| 开　　本 | 787mm×1092mm　1/16 |
| 印　　张 | 12.5 |
| 字　　数 | 236千字 |
| 版　　次 | 2019年9月第3版 |
| 印　　次 | 2021年12月第4次印刷 |
| 书　　号 | ISBN 978-7-5657-2593-7/G・2593　定　价　39.80元 |

版权所有　　翻印必究　　印装错误　　负责调换

# 第三版自序

这是一本应用型艺术类影视专业(含动画)基础教材,原大纲名《影视编导基础》,2007年曾上报江苏省教育厅并被列入江苏高职高专精品教材立项项目,后更名为《电视编导基础》出版,经2008年初版试用,市场反应良好。2014年再版时增加了"电视动画片的创意与编导"和"电视栏目"这两个课题,并对"绪论"和"电视编导通论"作了较大的修改,其中每单元的图片也都做了必要的抽换和补充。现再次对教材中大部分单元的图片和案例做必要的换新和补充,以修订而为第3版,旨在为高等职业教育精品教材建设做出新的贡献。这也正是编著者最大的初心和始终不渝的追求。

此次修订,关羽硕士和责编蒋倩女士为本书新的图片采集和相关资料的编辑付出了心血。在本教材多次修订的过程中,编著者无疑汲取了国内外同类教材以及影视艺术研究中的一些优秀成果,主要参考资料目录在每一课题后和本书末尾均有注明,在此编著者再次一并表示谢忱。

就整体而言,国内适合高等职业教育教学用的应用型影视艺术类教材建设仍处于发展阶段,本教材采用学习单元制并突出实训环节,是适应市场就业需求和加强教材的应用型特征的一种尝试,希望广大第一线的高职院校教师在影视传媒教学实践中进一步大胆创新、悉心体会,及时反馈意见,以使本教材能在此后的教学实践检验中常用常新、日臻完善。

是为序。

韩斌生
2019年3月6日

# 体例和内容简要说明

本教材分"绪论"与"学习单元"两大部分。

"绪论"为本学科的基础理论部分，从以培养学生应用能力为主的目标出发，本着"精简、够用"的原则，对相关理论做了极其简明的阐述。

本教材共分九个学习单元：学习单元一总述电视编导的一般规律和策划流程；学习单元二至学习单元五逐一分述电视栏目综述以及历史较长、收视率较为稳定、积淀比较丰厚的电视新闻节目、电视综艺节目和电视文艺节目的编导要旨及其实训要求；学习单元六至学习单元八分别讲述电视专题片、电视剧及电视广告这三大类常见电视节目样式的编导和实训要求；学习单元九则对电视动画编剧及其导演的有关概念、方法和技术、实训要求等进行了概述和说明。

总而言之，这九个课题基本上涵盖了目前电视荧屏上常见的主要电视节目样式和类型，是一本比较全面的关于电视编导的基础教材。

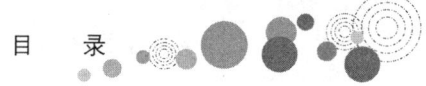

# 目　录

绪　论　/ 1

## 学习单元一　电视编导通论　/ 7

一、电视编导的定位　/ 9

二、电视编导的基本素质　/ 9

三、电视编导应具备的专业能力　/ 15

四、电视编导的基本原则　/ 16

五、电视栏目编导的策划　/ 17

六、电视画面语言　/ 19

七、电视编导与电视画面的摄制　/ 23

八、电视节目脚本的常用格式　/ 28

九、解说词的撰写及节目编排要求　/ 29

十、电视编导的现场操作　/ 30

十一、现场直播　/ 31

十二、电视编导节目策划的依据和原则　/ 32

## 学习单元二　电视栏目综述　/ 41

一、电视栏目的含义　/ 43

二、电视栏目与电视节目的区别　/ 43

三、电视栏目的定位　/ 44

四、电视栏目的类型和策划　/ 49

## 学习单元三  电视新闻节目的创意与编导 / 57

一、新闻与电视新闻的定义 / 59

二、电视新闻的内容、分类与特点 / 59

三、电视新闻的编辑与编排方法 / 60

四、几种常见的电视新闻类型及编导要求 / 62

五、电视新闻编导的素质要求 / 66

六、新闻节目的脚本写作 / 66

## 学习单元四  电视综艺节目的创意与编导 / 75

一、电视综艺节目的类型及构成特点 / 77

二、电视综艺晚会的编导要求 / 78

三、电视综艺游戏节目的特性及编导要求 / 80

## 学习单元五  电视文艺节目的创意与编导 / 87

一、电视文艺节目的分类 / 89

二、电视文艺编导的素质要求 / 91

三、电视文艺节目的创作要求 / 92

四、电视文艺节目的编导艺术 / 94

## 学习单元六  电视专题片的创意与编导 / 99

一、电视专题片的类型 / 101

二、专题片与纪录片的关系 / 102

三、电视专题片的编导要求及编导策划程序 / 103

四、电视专题片编导的谋篇布局 / 103

五、电视专题片的解说词写作 / 107

## 学习单元七  电视剧的创意与编导 / 123

一、与电视剧相关的名词概念 / 125

二、电视剧与电影的区别 / 126

三、少年儿童电视剧的策划与编导 / 128

四、电视喜剧的编导 / 131

五、电视剧编导的创意　/132

　　六、电视剧脚本的策划　/134

　　七、电视剧的改编　/143

　　八、电视剧脚本写作的格式　/145

　　九、电视剧编导的时空结构设计和场面调度　/146

　　十、电视剧导演的艺术风格　/148

**学习单元八　电视广告的创意与编导　/153**

　　一、电视广告的概念　/155

　　二、电视广告的特点和优势　/155

　　三、电视广告编导的工作流程及业务要求　/155

　　四、中国优秀广告导演扫描　/163

**学习单元九　电视动画片的创意与编导　/171**

　　一、动画剧本　/173

　　二、动画镜头的视觉想象　/175

　　三、人物设定和色彩设定　/176

　　四、创作动画脚本故事构思的一般技巧和规范　/178

　　五、动画导演的职能概述　/180

　　六、导演阐述　/180

　　七、执行导演　/183

　　八、动画片的制作流程　/184

**参考文献　/191**

# 绪 论

## 一、创意与编导

此处的"创意"涉及各类电视节目和作品的选题、构思、策划、编辑和导演方面的整体筹划、摄制、后期制作等工作,其所涉及的职业又可细分为电视编导、电视编辑、总策划人等若干大类,本书侧重于电视编导方面内容的阐述。电视编导是集前期策划、采编及后期制作指导、播出指导于一身的综合性电视艺术人才。

## 二、相关概念

凡是通过电视屏幕,最终以声音和画面的形式影响观众的内容单元,我们都称之为电视节目。

电视栏目是1992年以后我国电视界确定的对于电视演播中按照服务对象、内容或形态类型划分的一类电视节目群的称谓,它是带有类别色彩的电视节目群的演播样式,是电视传播走向成熟的必然产物,比如社教类栏目、服务类栏目、谈话类栏目、生活类栏目、娱乐类栏目、文艺类栏目、综艺类栏目(含综艺晚会)等。电视栏目可按内容、服务对象或形态等进行不同的分类。

电视频道指由特定无线电通信频率的波段形成的电视节目传播渠道。过去,一个电视台通常只有一两个频道,什么节目都做,新闻、娱乐、专题节目一起上,在电视文化理念上是"台的观念"的时代。随着电视科技的迅速发展,电视频道资源越来越多,电

视媒体及其功能越来越分化,电视频道从综合性走向专业化已成为时代的必然。这种电视传播方式上的变化,使得中国电视文化的理念由"台的观念"转变为"频道观念"。于是,新闻频道、科教频道、电影频道等一个个专业频道就相继产生了。

一般来说,一个特定的专业频道可以播出具有同类专业色彩的若干个不同的电视栏目,而每一个电视栏目又可由一系列同一类别(可按内容、服务对象或形态等来划类)的多个电视节目组成。从性质上看,目前的电视频道多为带专业色彩的,由特定无线电通信频率的波段构成的电视播出渠道;而电视栏目则是对近年产生的某一频道内按类别编排的,由电视节目群构成的一种演播样式的称谓,是电视节目的一种编排形式;电视节目则泛指电视荧屏上最终播出的一个个有一定组织形式的最基本的内容单元。

## 三、各类电视节目

**1. 电视新闻类节目**

电视新闻类节目是以现代电子技术为传播手段,以声音和画面为传播符号,以传播新闻、报道真人真事为主要内容的一类电视节目的总称。此类节目以播出消息为主,同时也播出电视评论、专题报道、电视专访、调查报告、记者来信、电视新闻纪录片等。新闻类节目是电视的骨干节目,中央电视台的《新闻联播》便是中国影响力最大的新闻类节目。

**2. 电视综艺类节目**

电视综艺类节目属于综合类节目,是与专题类节目相对应的一种节目类型,是偏文艺性而内容与形式又都较为多样的一类节目样式的通称,也可称为杂志型节目。此类节目有较强的兼容性,可集信息、观赏、娱乐、文艺、知识、服务于一体,对于观众有比较广泛的适应性。

**3. 电视文艺类节目**

电视文艺类节目是以传播文学艺术或亚艺术为主要内容的各类电视节目的总称,是文艺形式与电视手段相结合的产物。它包括电视艺术(含音乐、舞蹈、曲艺、民间文艺、戏剧等)、电视文学(含诗歌、散文、报告文学等)、电视小品等各种形式,在丰富人民的文化生活、提高艺术欣赏水平、扩大知识领域方面有着重要的作用。

#### 4. 电视专题片

电视专题片指主题相对统一的电视节目（电视片），它与综合类节目相对应，是电视节目的一种类型，在内容上能对主题做较为全面深入的反映，在形式上能集各种电视技术手法之大成，被认为是具有电视特色、较能发挥电视优势的一种节目形式。

#### 5. 电视剧

电视剧是一种以电视录像手段录制而成的，通过电视媒介播映声音、图像的叙事艺术形式。世界上第一部电视剧播放于1930年，中国的电视剧创作则始于1958年，由于电视剧制作便捷、传播迅疾、综合性强，很快便显示出丰富的艺术表现力。

电视剧和电影同属艺术与科技相结合的视听艺术，而电视剧则更加便捷，可以直接深入千家万户，电影通过电视频道也更加普及。尽管电视剧一般来说更加生活化、更加接近现实，也更加多样化，但电影和电视剧在创作、剪辑及后期制作上有很多相通和相互借鉴之处。

图 0-1　电视剧《辣妈正传》剧照

图 0-2　电影《狄仁杰之神都龙王》剧照

#### 6. 电视广告

电视广告是以电视传媒为传播手段的一种广告形式，一般分为公益性广告和商业性广告两种。公益广告是不以营利为目的的公共服务性广告；商业广告又分为商品广告和形象广告，前者旨在推销商品，后者则旨在树立企业或品牌形象，增强公众的认知度和美誉度，提高企业的竞争力，从而提高产品的市场份额。电视广告具有广泛性、感染力、造梦功能和引导性等，它能以一种更为感性的诉求方式深深地击中受众的内心，让受众具体直观地感受到一种不俗的生活情调与情感氛围，从而达到多方面引导受众生活形态和消费观念的目的。

### 7. 电视动画片

在电视台播放的动画片统称为电视动画片。而动画的概念则包括早期的动画电影与现在的电脑动画。早期的动画电影指利用人眼视觉暂留原理，将不同动画造型的单帧静态画面采用逐格拍摄，并以连续播放的方式生成动态的视觉效果而形成的动画影片。早期的动画影片主要是由手工绘制来完成的：先通过手绘做出静态画面，再由摄影机拍成画面序列进行连续播放（播放速度为每秒24格）。当然，在此基础上，还出现了剪纸动画、皮影动画、折纸动画、布艺动画、黏土动画、木偶动画等动画表现形式（见图0-3至图0-8）。这类动画主要依靠一些实体装置造型，通过调整、摆位、拍摄来完成动作与运动表现，类似于木偶戏的形式，只不过拍在胶片上以电影的形式来播放，因此也称为"偶动画"。传统意义上的影视动画片一般为"卡通片"，它以绘画或造型艺术形式作为人物造型和环境空间表达的主要表现手段，不追求造型表现与故事情节的逼真性，而是运用夸张、神似、变形的手法，借助于幻想、想象和象征的艺术手段，反映人们的生活、理想和愿望，是一种高度假定性的电影艺术。

图0-3 剪纸动画片《狐狸打猎人》

图0-4 皮影动画片《张飞审瓜》

图0-5 折纸动画片《草人》

图0-6 布艺动画片《喵呜是谁叫的？》

图 0-7　黏土动画片《小鸡快跑》　　　　图 0-8　木偶动画片《真假阿凡提》

　　随着电脑时代的到来,传统手绘动画渐渐淡出主流动画,目前已由制作效率高、动作流畅、光照真实、色彩富于变化、虚拟摄影机运动自由、材质表现丰富、视觉效果极佳并能够加入多种视觉特效的电脑动画所取代。电脑动画就是指在电脑上应用专门的动画制作软件来制作的视频媒体播放的动态数字图像。

　　从空间视觉表现效果上看,电脑动画可分为二维(2D)动画与三维(3D)动画两种。表现形式不同,在制作方式上当然也有很大的区别。

# 学习单元一

# 电视编导通论

一、电视编导的定位
二、电视编导的基本素质
三、电视编导应具备的专业能力
四、电视编导的基本原则
五、电视栏目编导的策划
六、电视画面语言
七、电视编导与电视画面的摄制
八、电视节目脚本的常用格式
九、解说词的撰写及节目编排要求
十、电视编导的现场操作
十一、现场直播
十二、电视编导节目策划的依据和原则

## 学习目标

- 了解电视编导的定位及工作的内容。
- 了解电视编导应该具备的素质。
- 熟练掌握电视画面语言的相关知识。

## 一、电视编导的定位

在印刷媒介中,采编人员基本上有两大类:一类是记者,一类是编辑。在电视界我们习惯称呼编辑为"编导"。此外,电视拍摄制作有自己的特点,它集采访、编辑、制作于一身,因而电视编导在创作集体中的地位显得更为重要。电视编导是一个人数众多的群体,涵盖了除新闻消息类节目以外的,其他具有一定思想性、知识性、趣味性、娱乐性节目的编创人员。

在电视台,新闻制作部门派出的编采人员是记者,而专题部门、文艺部门派出的编采人员往往以编导的身份出现,即编辑或者编剧甚至导演工作一肩挑,而当节目制作完成之后,人们在作品的字幕上看到的其身份也是编导或导演这种称呼。文艺节目如此,有些具有新闻性的专题性节目,如专栏节目,甚至有些纪录片类型的节目,创作者也是以编导身份出现的。

实际上,一般电视台的编导人员,自己拍的片子通常都是由自己动手剪辑的;即使是向栏目提供的节目,也是根据责任编辑的要求,在内容上和时间长度上进行处理。这不同于过去常说的"编辑",责任编辑一般是把好的节目串联起来,供栏目播出。所以,在现在的电视台中一般不太使用编辑的概念,这类工作现在都由统称为"编导"的这一节目制作全过程的总指挥来完成。

一般来讲,电视编导的范围涵盖了除新闻消息类节目以外的各类节目的编创人员。新闻消息类节目一般不采用编导这个称呼,因为"编导"二字会让人产生新闻不真实的想法,所以各电视台新闻部的采编人员都以记者身份外出采访,但其工作在许多方面实际上与编导工作没有多少差别。

## 二、电视编导的基本素质

1. 电视编导首先应是一个新闻工作者

电视文艺,尤其是电视剧的创作,虽然属于文艺创作的范畴,但电视文艺同样具有新闻属性,且其新闻属性要远远重于文艺属性,这是由电视文艺的趋时性(或称及时

性,也有人冠之以"新闻性")所决定的。

电视媒体传播内容的趋时性不仅表现在新闻节目中,也表现在非新闻节目中。比如庆祝香港回归,中央电视台各个电视文艺栏目的内容全部定位为"97香港回归"这一大的新闻主题,从1997年6月30日早6:00到7月3日早6:00的72小时内,全部电视节目都让位于香港回归的报道。在这一时间段内,文艺节目、专题节目全部与香港回归有关,在文艺节目中有这么几场重头戏:6月30日22:08,现场直播《北京市人民迎接香港回归祖国联欢晚会》;7月1日19:48,现场直播《首都各界庆祝香港回归祖国大会》;7月2日20:00,现场直播在人民大会堂举行的庆祝香港回归大型文艺晚会《回归颂》;中央电视台戏曲音乐部更是精心策划了《1997,永恒的爱》等MTV金曲。

2008年5月12日,四川汶川发生大地震。地震发生时,被压在废墟下的小林浩组织同学们通过唱歌来鼓舞士气,并安慰因惊吓过度而哭泣的女同学。经过两个小时的艰难挣扎,爬出废墟的小林浩没有惊慌地逃离,而是再次钻到废墟里展开了救援,将两名同学背出了废墟。中央电视台在报道中给出了这样的评价:"灾难面前最幼小的生命都不低头。九岁的映秀镇中心小学学生林浩用自己弱小的肩膀深深感动了中国。"2008年8月8日晚,北京奥运会开幕式上,小林浩成为北京奥运会开幕式上年龄最小的国旗手。奥运会历史上个子最高的旗手姚明与头上还有地震带来的伤痕的奥运会历史上最矮的旗手林浩,两个"巨人"引领中国代表队入场。尽管身高还不及姚明的胯部,但是在如此盛大的仪式中,小林浩一点都不怯场,泰然接受全世界40亿观众的瞩目,那一份镇定完全不输给任何一个世界冠军。努力拼搏、勇于担当的小林浩通过电视,向世界展现了中国"90后"的风采。开幕式的编导如果没有高度的新闻敏感性是很难策划出如此震撼人心的节目的。

2. 电视编导的应变能力

要制作一档好的电视节目,必须要有好的创意和优秀的编导。这不仅关乎节目的精彩程度,更关乎节目的成败。

以一档准备充分的新闻节目为例。只要新闻节目一播送出去,观众就会清楚地知道他们需要什么样的信息,并能了解这些信息的来源和其中的深意。所以一旦开始新闻播报,你对观众的控制力就很弱了,新闻节目将自动地、十分流畅地把信息及时传达给受众。但有时节目在播出前几乎没有彩排时间,播出顺序又常常被朝令夕改,更要命的是技术设备还容易出现故障。如果一条重要新闻没能及时播出,编辑们将只能插播其他新闻,这条新闻就将被迫推迟播出或者因为时效性迅速丧失而不得不重新编辑。与此同时，大量新的信息接踵而至，这条被推迟播出的新闻就很容易被湮没了。

在这种情况下，如果主持人和编播人员能够镇定自如并努力指挥将节目成功播出，观众便不会知道这新闻播出幕后的真相。

3. 电视编导的现场判断能力

成功掌控以上局面的关键是编导必须清楚下一步将会发生什么以及可能的选择有哪些。例如，你可以使用的录像素材有哪些；如果有现场的插播新闻进来，是否可以使用；所有访谈的声音是否检查过；现场工作人员是否清楚下面将发生什么；主持人是否有最新的消息。编导要了解电视制作与播出的实施情况，同时必须有多套方案以备不测。近年来，演播控制室已经变得越来越现代化和复杂化，包括时尚化潮流在内的很多非技术性变革也已十分普遍，因此编导必须有机敏的现场判断能力并保持清晰的头脑，只有这样才能应付自如。

4. 电视编导的自我超越能力

创作的灵感往往来源于生活。但是，作为编导，不能仅仅被动地等待经历冲击，而应该自觉地让生活给自己留下内在的痕迹。为了获得必备的创作素材，编导对世界和生活的观察必须超前于眼前的现实和周围其他的人，必须具有天生的好奇心和求知欲，这样才能获得一种判断力，法国历史学家泰因称这种能力为"时代精神的温度表"。借助这种能力，他们可以时刻保持对现实的敏锐洞察力和对历史的深刻理解力，从而对未来的发展作出预测。这些能力是他们衡量自身经历所必不可少的，换句话说，他们必须具有摆脱自身局限的能力。完全依赖于自身经历的创作者很快就会面临创作源泉枯竭的威胁，他们的作品必然流于空洞和乏味。同时，即使以个人经历为原型的作品，也必须赋予作品人物以鲜明而独特的个性和丰富而真实的生活，这些人物的情感和生活方式或许会与创作者本人大相径庭。作为一名编导，必须具有反映社会生活的能力。

5. 电视编剧和编辑的语感能力

电视编剧（有些电视节目的编导分为编剧和导演）和编辑的工具之一是文字，他们必须把握运用文字的方法，必须具有判断作品语言是否通达顺畅的本领。他们在写作时应时时意识到：自己正在写的内容是已经完成部分的自然引申和发展，还是为将要写作的内容作铺垫。只有具备这种语感能力和自我反思的能力，他们作品的语言才能够保持整体性和一致性，创作出的影视作品才能获得较高的质量。

#### 6. 电视编导的基本技能与实践

编导必须学习掌握电视节目制作播出的基本规律,学会如何达到媒体的特殊要求,了解哪一种电视节目形式表达何种意境最合适。通过学习这种技能,编导可以挖掘自身内在的潜力并使其得到充分的施展,从而掌握各种创作原则。比如:如何构思电视剧本,如何选择新闻素材,如何说服人们购买一种产品,如何引起观众的哄堂大笑等。这样就会把握自我评价的标准,少走弯路,进而事半功倍地从事编导活动。

经验证明,实践是十分有效的学习。性子急的年轻编导常常误以为某些技巧和公式可以适用于所有电视脚本的创意与编导。这种错误的认识可能会将他们引上歧途,抑制他们的想象力,扼杀他们对新的表现方式的探索。技巧和公式不应成为禁锢编导手脚的僵死的教条。初学者有时的确需要模仿现成的模式,但是,他们最终必须通过实践形成自己的风格,只有这样才能成为一名称职的编导。

#### 7. 电视栏目编导的创新意识

中央电视台比较火的栏目也常常"变脸",虽然其目的在于不断调整栏目面孔以适应受众求新求变的收视心理,但却不同程度地坠入了缺乏品牌战略意识的怪圈,使大量受到观众欢迎的栏目流失受众,这是值得编导们反思的。

图1-1 "海飞丝"洗发水广告

电视编导要坚持对品牌栏目的准确定位,电视广告也同样如此,海飞丝洗发水坚持"去头屑"这一定位(见图1-1),泸州老窖坚持"400年国酒传统品牌"的意识(见图1-2),都取得了很好的效果。

栏目的名字和标志设计要有后现代意识,注重感官愉悦和随心所欲的二元并存,在不对称和不和谐中力求有趣和复杂丰富的视觉冲击,以取得出人意料的美学效果。这就要求电视栏目编导把市场定位与理念创新作为前提,把管理经营与内容和队伍创新

图1-2 "泸州老窖"广告

作为关键,把品牌传播理念作为目标,这样才能使栏目不断创新、常播常新。在这里,最重要的是个性化的创新思维。凤凰卫视中文台坚持"你无我有,你少我多,你慢我快,你板我活",做出了品牌,受到了海峡两岸和港澳地区乃至东南亚国家受众的广泛欢迎。

在追求创新的过程中,必须让电视节目有一定的创意。电视节目的创意就是追求作品的原创性和创新性,就是在节目设计和创作时要有独特的发现力和创造力,就是要把本土的文化资源优势通过创新转化为节目优势,制作出合乎本土观众口味的、有市场竞争力的电视精品节目。

而要想有好的创意,就要加强对原创节目的研发力度,不断提高节目的创新能力,就要在节目内容、形态、表现手段、视角和包装上下一番功夫,使其有所创新、有所突破、有所升华。中央电视台的《魅力中国·魅力名镇》栏目(见图1-3)就以立体的视角反映了我国各具魅力的小镇的历史文化、风土人情、社会经济,给人以耳目

图1-3 十大"魅力名镇"之一:云南和顺乡

一新的视觉享受,取得了较高的收视率。其成功的重要原因之一就是有一个好的创意,那就是对娱乐元素的运用和与观众的积极互动。

8. 电视编导应该成为杂家

我国新闻界早就提出了新闻记者应成为杂家的观点,有人把这个观点编成了一句顺口溜:读杂书,写杂文,当杂家。不少著名新闻记者的实践证明,这的确是一个优秀的新闻记者的成功途径。电视编导本身就是新闻记者,所以电视编导也应该成为杂家。在某种意义上说,电视编导需要掌握的知识内容比一般新闻记者所接触的范围更广。比如说,编导在采访或收集创作素材的过程中是记者,而在拍摄过程中则是编剧、导演。编导需要的不仅是写作功夫,更要精通摄影、导演以及表演等方面的知识。虽然电影导演和电视编导所从事的工作有相似之处,但其对知识结构的要求却不尽相同。一般的电影导演没当过记者,也没上过新闻院校,所以大多数电影导演没有新闻记者的职业敏感和嗅觉,因而很难干好电视台的导演工作,除非是同电影极相似的一些纯娱乐性的电视剧;而电视编导一般都有新闻工作的经验,其中的不少佼佼者后来还成为著名的电影导演。

因此，每一个电视编导都要掌握多方面的知识和技能，当杂家。这要求编导博学多才，政治、经济、文学、历史各个方面都要通，同时，对自然科学，尤其是当代科学的一些前沿领域也要有所了解。

### 9. 电视编导还应该是社会活动家

电视编导的能力和素质是多方面的，除了业务素质之外，还要具备社会活动能力，即"公关能力"。很多电视台里有不少内在素质原本不错的编导，但由于不善于与人打交道，导致多年来业务长进不大，做不出好作品。

电视节目的主要对象是人，是社会上形形色色的人，因此，编导工作要求与领导、群众都要打交道，三教九流都要接触。要想干好电视编导工作，就必须要有公关能力。所以，人们常说记者是社会活动家，电视编导更应该成为社会活动家。

与人打交道，就要与各种各样的人交朋友，特别是与基层的工人、农民交朋友。中央电视台《东方时空》栏目的广告语是"讲述老百姓自己的故事"，栏目反映的就是普普通通老百姓的日常生活和喜怒哀乐，所以深受人们的欢迎。1984年春节前后，《人民日报》上有一篇报道："在内蒙古阿荣旗的山沟里，张兴山、张兴江哥俩在刚开始实行联产承包的时候承包了1 500亩荒地，一年打了几十万斤粮食。那年正月十五刚过，我来到大兴安岭脚下的北大荒，住进这农民哥俩家里，在他们炕头上唠了三天三夜的嗑，听到了许多有趣的故事。要知道，当时农民生活条件并不好，家里很脏，炕上还有虱子，但这些都没成为我睡在他们家炕头上的障碍。后来我以哥俩为原型写了一部反映农村改革的长度90分钟的电视剧《在广袤的土地上》，这部戏在中央电视台和各省级电视台播出了，观众反响是很不错的。张兴山后来当选了内蒙古自治区政协的农民委员，这以后，我们成了十几年来往的好朋友。"与人打交道的过程是熟悉和认识社会的过程，大文豪高尔基的"我的大学"是在社会上念的。电视编导要念两个大学：一个是读书本知识的大学，另一个是社会"大学"。

公关能力在某种程度上意味着电视编导在社会上的生存能力，缺少公关能力，电视编导在电视界就吃不开。但目前有一种不好的倾向：有些编导公关专门"攻"企业家，"攻"大款，"攻"有权有势的人，这是一种腐蚀编导队伍的倾向。电视编导是从事意识形态工作的，是人类灵魂的工程师，而电视作品具有潜移默化的作用，作为编导，正人先正己，己不正焉能正人，这个道理毋庸赘述。

### 三、电视编导应具备的专业能力

1. 文字写作能力

编导必须有扎实的写作功底。电视编导和电视记者起码要具备报社文字记者那样的基本功。现在有一种误区,认为电视记者和编导只要把画面拍好就行了。其实,编导如果缺乏文字功底,不会构思文章,作品便无从谈起,更不可能创作出主题鲜明、思想深刻、逻辑严谨的好作品。现在不少电视台进了一批文科院校的毕业生,没学过新闻,也没学过广电专业,虽然开始上手慢一些,但后劲十足,原因很简单,就是因为他们的文字和文学功底好。相反,有些广电专业的毕业生,由于文字功底差,刚开始还能应付,到后来却底气不足。因此,编导必须要有好的文字基本功,这样才能应付各种各样的情况。

2. 口头表达能力

电视编导时常要做出镜采访;即使不出镜,在镜外提问,也存在语言表达能力的问题。有些记者、编导的文字能力很好,但就是开不了口,或者一开口不是含糊不清就是满口方言,让观众倒胃口。电视剧导演和文艺导演即使不上镜,也存在说戏的问题,所以编导的语言表达能力是很重要的。现在许多编导喜欢用主持人,有些播音员虽然字正腔圆,但他们对新闻知之不深,很难在随机应变中表达编导的创作意图。所以,国外的主持人都是资深记者,这与我国某些电视台把一些俊男靓女弄出来用可笑的方言提一些可笑的问题有很大的不同。电视编导要敢于上镜,但也要有上镜的口才。"口头"要硬就是这个意思。

3. 审美、摄像能力

编导的审美、摄像能力,是指编导要熟练掌握和使用摄像机,要有镜头感。美国导演大卫·格里菲斯(D. W. Griffith)有一个非常重要的观点:"导演指挥摄像机比指挥演员更重要。"不论哪类节目,电视编导都是用摄像机去进行创作的,电视编导与观众的交流,除了日常的口头话语外,还要用一种特殊的电视语言去表达,这种电视语言最终要靠镜头来体现,也就是用镜头说话,称为镜头语言。所以编导要注意学习镜头语言,要学摄影,学构图,学习视听语言的语法结构规则,只有精通了这些,才可能掌握主动权。机位放在哪里,选择什么角度,运用什么景别,采取什么运动方式,只有熟练掌握了镜头语言,处理起来才会游刃有余、得心应手。只会写文章的人拍不了电视,只会

导话剧的人也拍不好电视,原因就是不懂镜头。"机头"硬的导演才是好的电视导演。

### 4. 电视编辑能力

一般的编辑业务是指采访、撰稿等方面的能力。电视台的编辑业务还包括驾驭各种电子摄录机器的能力。编导要会使用摄像机,即使不亲自摄像也要对设备及其操作做到心中有数,要熟悉和会用各种型号的电子编辑机和特技机,文字导演还要会使用导演切换台。随着计算机多媒体技术的推广,在计算机上进行后期画面和音响的制作合成已逐渐普及,这就要求导演对计算机多媒体技术有深入的了解。另外,对电视摄制和制作过程中的一些创作环节,比如灯光、音响等技术环节的业务也要有一定的了解。目前,许多电视台的编导从策划采访到后期制作的全过程大都是自己动手或在一些技术人员的帮助下完成的,许多编导既是艺术家,又是技术能手。只有这样才能适应电视节目制作过程中多方面的要求。不会使用电子编辑的导演在电视台不是好导演,也不大可能做出好节目。

对于电视编导专业和广电制作、摄影等专业,学校应根据培养目标的要求进行课程设置,这些专业的学生除了学习必需的文科基础课以外,还应学习摄影摄像基础、视听语言、电视剪辑方面的课程,其目的就是从编导专业的知识结构上进行必要的基础教学和基本技能的训练。只有经过这些方面的学习和训练,才能将学生培养成为社会上需要的编导专业人才。

## 四、电视编导的基本原则

电视编导的基本原则讲求观众至上和目标性、创新性、效益性。

所谓观众至上,对于电视媒体来说,即观众是母体,是上帝,谁受到观众的欢迎,谁就会取得成功,观众是媒体生存的基础。因此,电视编导必须了解观众的心理需求,这需要通过调查研究和分析来作出科学的判断。

目标性,就是电视编导要不断创新,提高收视率,以实现节目的社会效益和自身价值。

创新性,就是电视编导要求新求变,不断地否定过去,敢为天下先。创新是以市场调查为先决条件,以社会效益和经济效益为基础的。

效益性,指要实现社会效益与经济效益的双赢,在社会效益与经济效益发生冲突的时候,不能够牺牲社会效益去赢得经济效益。

### 五、电视栏目编导的策划

1. 基本流程

电视栏目编导策划的基本流程包括几个步骤：发现与构思创意，定位策划目标，设计与撰写制作方案，付诸实施，终审总结和评估。

发现与构思创意有时来自灵感，有时来自苦思之后的发现，但即使是偶然得之，也是长期积累的结果。天上不会掉下馅饼，苍天不负有心人，艰苦的创作劳动如此，电视栏目的编导创意也不例外。那种过分强调灵感偶得的观点其实是"灵感神秘论"的侥幸心理在作怪，是不符合唯物主义认识论的。

定位策划目标，就是要把收视率作为重要的参考值来确定栏目未来的效果和预期价值，找准定位。编导策划最终实现的可能性在很大程度上取决于准确的目标定位。

设计与撰写制作方案是栏目制作前最后、也是最重要的一步。好的制作方案应该具备操作性强、条理清晰、语言简洁、构思新颖等特点，以便让决策者理解和接受，并以其具体方法与步骤的明确性，让制作人能迅速操作起来，进入实施阶段。

付诸实施过程会遇到很多问题，需要编导的诠释、指导乃至监控。继续介入实施过程是编导的责任，多数电视台的编导是集编导与策划人于一身的，这其实更有利于工作的进行。这样，实施结果才不会让原来策划的预期走样。

终审总结和评估。编导要写出总结评估报告，内容包括播出长度、素材长度、素材与成品长度的比例、预决算和投入情况、收视率及观众反响等重要方面，包含总结反思、自找差距和效果评价等诸多内容。

2. 策划

策划即摄制节目的计划，是电视创作的基础。电视节目、栏目的设置离不开策划，大型专题节目、文艺和大型综艺晚会节目、电视剧创作等，都离不开策划。

那么，如何进行节目策划呢？

在新闻一线工作过的同志都知道，在一年之初，在季度之交，或者在月初、周初，总编室总要向电视台各部门通报情况，传达中宣部、省市委宣传部下发的宣传报道要点，其中也包括人民日报社、新华通讯社的宣传提纲。上到编辑部的领导，下到每一个节目创作人员，首先要了解上级和中央宣传部门近一阶段宣传报道的重点。

这些宣传要点除了安排在上级主管部门的宣传提纲上以外,还可以从中央报刊上找到。比如,1997年《人民日报》的元旦社论指出了这一年我国人民政治生活有两件大事:一件是香港回归,另一件是即将召开党的第十五次全国代表大会。根据1997年《人民日报》元旦社论的精神,中央电视台和各省市电视台在年初甚至更早就开始抓这两件大事的宣传报道和节目的选题安排了。

再以2015年阅兵式的宣传报道为例,中央电视台举全台之力,对中国人民抗日战争暨世界反法西斯战争胜利70周年纪念大会进行了全方位、多角度、进程式的直播报道。长达5个小时的直播报道真实再现了胜利纪念日庄严、隆重而热烈的氛围。这离不开中央电视台对报道所做的周密细致的准备和整体的策划安排:中央电视台抽调精兵强将,组建了专业的公共信号制作团队和新闻报道团队,仅前方报道人员就有近1 300人。投入6大转播技术系统、89个摄像机机位,使用了直升机航拍、摇臂摄像机、轨道摄像机、索道摄像机、微型摄像机等最先进的设备,并首次实战应用由中央电视台自主研发的索道摄像机(天鹰)。投入综合、新闻、财经、综艺、中文国际、体育、社会与法、军事农业以及英语、西班牙语、法语、阿拉伯语、俄语等14个频道,以6种语言向全球直播了大会盛况,各频道重播多达38次。同时,调度央视网、央视新闻客户端等新媒体平台,第一时间发布纪念大会的新闻信息,实现全媒体同频共振的传播效果。报道计划分为两大部分:

第一部分,同步报道阅兵仪式过程。重要纪念、庆祝活动都要进行现场直播:

9月3日早7:30直播"胜利日"特别节目;

早9点,直播国家主席习近平携夫人彭丽媛迎候各国嘉宾,合影后共登天安门城楼,准备观礼;

10点整直播纪念大会开始,70响礼炮声后,举行升旗仪式;

直播习近平发表重要讲话;

直播习近平乘坐检阅车检阅受阅部队,检阅完毕后,直播分列式,分列式预计持续50多分钟。

第二部分,全面反映普天同庆的盛况。中央电视台不仅要报道北京的活动,还要及时报道全国部分城市,包括上海、天津、重庆、南京、广州、深圳、东莞等地的有关活动,并派记者赴华盛顿、纽约、洛杉矶、多伦多、悉尼、曼谷、新加坡、马尼拉、东京、伦敦、里斯本等城市,反映各地华人华侨的欢庆活动和外国朋友们的反应。

事实证明,中央电视台有关阅兵仪式报道的整体策划是深思熟虑、周密安排的成功范例,这反映了中央电视台出色的节目策划能力和组织能力。

策划决定节目的方向和质量。节目策划是一个电视台在强手如林的竞争环境下生存和发展的根本。在当前市场经济的条件下,电视台最主要的经济来源是广告,节目质量好,收视率高,广告商就会蜂拥而至,电视台的经济效益就会大增。湖南电视台每周六晚黄金时间播出的综艺节目《快乐大本营》由于策划得力,很快便赢得了全国电视观众的喜爱,甚至中央电视台的综艺节目也很难与之匹敌,仅这一个节目每年就为湖南卫视带来数千万元的广告收入,许多国内外的知名厂商都在这个节目中插播广告。

2004年至2006年,每年从5月开始到9月底,每周五晚上湖南卫视播出的《超级女声》节目,成为最吸引观众眼球的节目。这档节目为湖南卫视赢得几千万元的广告收益,并产生了连带效应,使湖南卫视在观众心目中的位置得到极大提高。所以,策划是节目的生命。

节目策划既然如此重要,那么在策划中应该注意哪些因素呢?

主要是三个方面:其一是节目有无价值,主要指宣传价值、新闻价值、艺术价值、商业价值等;其二是创新意识,节目要新鲜,人无我有,或者人有我新;其三是观众意识,即心中有观众,观众是上帝。

## 六、电视画面语言

### 1. 视距与景别

景别是由视距决定的,视距是指摄像机镜头到所摄影像主体之间的距离。视距近,主体就显得大;视距远,主体就显得小。

景别一般分为以下五种:

◎ 全景:人物全身及环境之一部分(见图1-4);

◎ 中全景:也称"七分身",人物膝部以上(见图1-5);

◎ 中景:人物腰部以上(见图1-6);

◎ 近景:人物胸部以上(见图1-7);

◎ 特写:人物肩部以上或面部及肢体局部(见图1-8)。

图1-4 全景

图1-5 中全景

图1-6 中景

图1-7 近景

图1-8 特写

### 2. 蒙太奇

蒙太奇原来是建筑学中的术语,意思是指按照事先拟订的计划、构想,把原来零散的材料组合到一起,形成完整的统一体。把蒙太奇引入影视艺术中,则指研究镜头和镜头之间怎样组接来完成电影或电视画面的造型,以表达作品的主题思想。

说话写文章,要符合语法逻辑;拍摄电视画面,也必须学会用镜头来进行蒙太奇造句。

### 3. 镜头的组合排列

在电影、电视中,同样的几个镜头,连接时顺序不同,表达的意思也就不同。苏联著名电影艺术家、电影教育家库里肖夫(Kuleshov)曾经做过这么一个实验,他把三个同样的镜头按两种顺序加以组接,获得了全然相反的表达效果:

第一种:(1)一个人在笑;(2)手枪对着他;(3)这个人惊恐的脸。给观众的印象是这个人很胆小。

第二种:(1)一个人惊恐的脸;(2)手枪指着他;(3)这个人在笑。给观众的印象是这个人很勇敢,他在最初的一刹那震惊之后,很快便镇定下来了。

库里肖夫还做过相近的试验,他从资料片中找出一段演员莫兹尤辛不带任何表情的脸部特写镜头,然后用这段画面分别同三个不同的镜头组合,再放映给观众看:

第一种组合:男人——桌上摆着一碗汤;

第二种组合:男人——一个小孩玩玩具熊;

第三种组合:男人——一个躺在棺材里的老妇人。

观众纷纷赞扬莫兹尤辛表演得当,对着桌上的汤表现出饥肠辘辘的馋相;对着玩玩具的小孩时他又表现得慈祥、温和;对着棺材里的老妇人却又显得悲哀。

从以上两组例子我们可以得出这样的结论:镜头的组接既要以人的思维逻辑为依据,又要符合现实生活的逻辑。

### 4. 蒙太奇句型

(1)前进式句型

它由远视距景别向近视距景别发展的一组镜头组成,即全景—中景—近景—特写的过渡,它把观众的视线由整体引向局部,给人的感觉是情绪和气氛越来越加强。

(2)后退式句型

它由近视距景别向远视距景别发展的一组镜头组成,即特写—近景—中景—全景的过渡,它把观众的视线由局部引向整体,给人的感觉是越来越压抑,以显出低沉的情

绪和逐渐减弱的气氛。

（3）环形句型

它是前进式句型与后退式句型的复合体,即一个前进式句型加一个后退式句型,表达情绪由低沉、压抑转到高昂又逐步变为低沉的波浪形的发展过程;或者用一个后退式句型加一个前进式句型,表达的情绪先高昂后低沉,然后又变得更加高昂。

5．组接镜头的原则

一个场面（一组画面）的各个镜头,要按照以下原则加以组接：

◎ 从思想内容出发,按照事物发展的逻辑顺序组接；

◎ 按照摄影的方向组接,熟练地掌握"轴线"的规律；

◎ 按照镜头中的主体动作方向组接；

◎ 按照镜头中动作的速度与节奏组接；

◎ 按照镜头本身移动的速度和节奏（包括推、拉、摇、移、跟）的一致性组接；

◎ 按照画面的影调和光线组接；

◎ 按照景别的远近转换组接。

6．场面过渡的手段

影视作品可以分成若干个段落,段落划分的依据主要有四点：

◎ 自然段落：完整的情节构成一个自然段落；

◎ 时间转换：所摄内容在时间上发生变化以后,就需要按这种时间的转换来分段；

◎ 地点的转换：所摄的场地发生变化以后,也需要分段；

◎ 节奏性段落：为了叙述节奏的"间歇",需要进行段落划分。

段落和段落之间的过渡或转换,需要借助一定的电影手法来完成,这种手法叫"转场"。转场分为分隔与连贯两种不同的方式。

（1）分隔方式

◎ 淡出、淡入（或称渐隐、渐显）

淡出、淡入指上一段落最后一个镜头的光度逐渐减到零点,画面由明转暗,逐渐隐去；下一段落的第一个镜头光度由零点逐渐回升到正常的强度,画面由暗转明,逐渐显现。这样的转场过程,前一部分就是淡出,后一部分就是淡入。

淡出、淡入似乎相当于舞台剧中的"幕落""幕出",常用于表现一个完整段落的结束和另一个新段落的开始。

◎ 空画面转场

空画面转场指情绪发展到高潮的顶点以后安插一段具有一定长度的"空画面"来结束这一段落,让观众得以回味与歇息。

◎ 叠化或化

叠化指上一镜头画面的淡出与下一镜头画面的淡入互相重叠起来,造成前幅画面在逐渐模糊中转化为后幅画面的效果。化的主要作用是给人以时间转换的感觉,也可以用来表现回忆、想象、梦幻等倒叙或插叙的段落。

◎ 划

划指前一个镜头的画面逐渐"剥去",与此同时,空着的地方代之以后一个镜头的画面,就好像后者预先叠放在前者的下面。划可以用来实现地点、时间、场合改变的效果。当前后两段在内容上属于同时异地或者平行发展的事件时,我们就常采用划来转场。划在视觉上给人的感觉是轻快、紧凑。

◎ 定格转场

定格转场指画面的各段都以定格开始,由静变动,最后又由动变静,以定格结束,并转入下一场。这种转场手法比较适用于纪录片或杂志片。

◎ 翻转特技

翻转特技指前一个镜头的画面以银幕中心线为轴线,经过180度的翻转换成另一个镜头。它适用于连接对比内容的两段画面,比如今与昔、新与旧、穷与富、悲与喜等。

适当地采用以上方法分隔段落,可以使作品层次分明、富有节奏。不过,转场方法用得过多,也会让人感觉过于雕琢,不够真实、自然。

(2)连贯方式

连贯方式转场采用从"切"到"切"的方式,这种转场方式省略了许多"过场戏",使作品的内在节奏更加紧凑。

## 七、电视编导与电视画面的摄制

电视画面摄制虽然是摄像的工作,但也离不开编导的现场指导和点拨,可以说也是编导工作的一个方面。虽然对于怎样摄制画面人们已经达成很多共识,但到目前为止,还没有一套完整的画面合成与剪辑规则。要想确保无论在什么时候按下暂停键,画面都很漂亮,就必须掌握以下摄制要点:

1. 用好监视器

首先要保证监视器已经正确设置好各项参数。事实上,有许多监视器连色彩还原都不规范,更为严重的是,相当一部分演播室在录制节目时并没有准确地设置监视器的画面亮度和对比度。

2. 了解"黄金分割点"

用好"黄金分割点"(见图1-9),是编好任何电视节目的基本要点。它的原理是通过画直线的方法把电视屏幕横向、纵向各分为三等份,然后把被摄物体的兴趣点放在直线的交汇点,即左上1/3、右上1/3、左下1/3和右下1/3处,此时画面看起来就会非常舒服。当然这条法则不能滥用,否则所有画面看起来都会是一个样了。

图1-9 采用"黄金分割点"构图的电视画面

3. 顶头留白

拍摄时千万不要让人的头顶直接顶到画框,更不能把人的脑袋削掉一部分,除非你想表达特殊的意思。应当在被拍摄者的头顶上方留下一个足够的空间,使画面顶端看上去比较舒服(见图1-10)。

4. 视线留白

我们应当在人的视线前方留下一定的空间(见图1-11)。比如,被拍摄者正在奔跑,那么我们需要在人奔跑的前方留下足够的空间。

图 1-10 顶头留白　　　　　　　　图 1-11 视线留白

5. 避开画幅中心

画幅中心是画面中最不适合安排被拍摄对象的地方。虽然它看上去似乎没有什么问题，如果我们移动被拍摄对象，它好像不会被移出画面，但实际上这样的画面看上去十分呆板。为了避免这种呆板的画面效果，拍摄时应避免将被拍摄对象安排在画幅的中心位置(见图 1-12)。

图 1-12 避开画幅中心

#### 6. 画面的平衡及背景设置

如果在画面的一侧安排了某一物体,那么最好在另一侧也放一个物体,以保持画面的平衡(见图1-13)。当然,如果想表现孤独的情绪,可以不这样,此时空白就成了画面的一个组成部分。

将被摄对象放在一个较为合适的背景里,会在很大程度上使画面更加完美。比如让被摄对象在实验室里并穿上白色的衣服,那么人们便会觉得他是一个十分有才能且值得信任的人。

图1-13 画面的平衡及背景设置

#### 7. 焦距与视点

可以通过改变镜头的焦距让被摄对象在体积上看上去发生很大的变化。如果在较远的距离用长焦镜头拍摄两个人在一起的画面,那么他们将会比实际生活中看起来小一点。同样的原理,如果用广角镜头对靠近前景的被摄对象进行拍摄,被摄主体看上去并没发生什么变化,但是背景人物则会显得更小、更远(见图1-14)。如果从低角度仰拍一个人,那么他看上去将十分高大;相反,如果从高角度俯拍,则会让人显得矮小。

图1-14 焦距与视点

#### 8. 不在一条直线上的景物

如果将所有的被摄对象放在一条水平线上,而不是把它们分散开来安排位置,得到的画面不仅在视觉上显得呆板,而且也不符合人们日常生活的视觉习惯。

如果在坐标上除了X轴和Y轴之外又增添了Z轴,我们会发现,在这条Z轴上的被摄对象具有一种朝观众运动的趋势。所以,如果沿着这条轴线制造运动的话,就会得到非常戏剧性的、给人印象深刻的动感效果(见图1-15)。在情景喜剧中,演员们通常面向观众并且被刻意安排在一条横线上,这样非常便于拍摄而且容易拍出比较简洁的镜头,同时看上去又十分滑稽可笑。

### 9. 使用对角线或弧形构图

人们从弧形构图或非水平构图的图像或线条中能发现一种不同寻常的美,这在芭蕾舞中表现得尤其明显,因此,人们总是花费大量的心血去设计弧线运动的舞蹈。在电视屏幕上,无论是拍风景还是拍运动,对角线构图或是"V"形构图都可以产生这种令人愉悦的享受(见图1-16)。

图1-15 不在一条直线上的景物

图1-16 使用"V"形构图

### 10. 机位安排与轴线规律

编导必须十分清楚演播现场的每个角落需要多少台摄像机,以便在摄像机机位和数量的设置方面有一个合理的安排。通常是从左往右安排摄像机的机位,有时候我们也可以颠倒一下顺序。假设我们用两台摄像机拍摄一个新闻访谈,如果从左(1号机)到右(2号机)安排摄像机,那么从监视器里看到的是两个人都朝向相对的方向。然而,如果把2号机安排在1号机的左边,那么在控制室里看到的就是两个人在和对方交谈。许多编导发现这样安排十分自然。

一般来说,把两个被摄对象连成一条直线,我们叫它轴线。那么,摄像机就必须摆放在这条轴线的同一侧才行,否则拍摄出来的物像就会把观众的视线搞乱,使其看不懂是怎么回事儿,这就叫轴线规律。

**11. 视频合成**

所有的切换台都具有最基本的功能——切(cut)、溶(mix)、划(wipe)和键控特技(key)。不同厂商生产的切换台在实现同一功能时,按键布局和名称会略有不同。大型切换台有很大容量的存储和记忆功能,适用于复杂的视频合成效果。

## 八、电视节目脚本的常用格式

编导人员每天都会收到不同的节目制作组送来的新脚本。如果每个作者都采用同一模式写脚本,编导就能快速有效地获得所需的信息,因而脚本是要讲究格式的。

**1. 常用格式**

不同的节目可能在脚本格式的设计上略有不同,但是大多数人还是会使用较为相近的常用格式。

一般我们会把一页纸分为两栏。右边栏的内容主要是脚本、舞台设计和音效,左边栏的内容有镜头的序列号、摄像机机号和镜头内容描述。下面就列举国外某电视节目的一个标准格式脚本片段范例:

| | |
|---|---|
| 5　3号机对一 | 彼得:(打电话)你在电话里的声音显得温和而性感(停一下,然后显得很高兴),从来没有人跟我说过这样的话。 |
| 6　3号机<br>广角镜头 有人敲彼得房间的门 | (敲门声) |
| 7　1号机<br>中近景 彼得 | 彼得:(打电话)有人来了,我们要走了。再见,亲爱的。 |
| 8　2号机<br>中远景 彼得 走到门口 | 彼得(边拿着电话边走向门):谁?<br>安全人员:安全局的! |
| 9　1号机　A/B | (保持不变)<br>彼得(开门):我这儿一切正常啊。 |
| 10　3号机<br>过肩镜头 安全人员 | 安全人员(走进房间):快告诉我,我已经掌握了所有情况。我们对你进行了24小时的安全监视,你的房内可能有个陌生人。 |
| 11　1号机<br>中近景 安全人员 | 彼得:确实有一个陌生人在我的房间里。<br>安全人员(转向彼得):很自然,保证人们的安全,我们必须更辛苦地工作。 |
| 时间:1997 | |

### 2. 节目时间表

很多情景喜剧和戏剧的制作人员都知道一定时长的节目大概需要多少页文本。以脚本的页数为基础判断节目的时长,这种方法在多数情况下是有效的,但前提是文案人员必须严格遵守节目的设计模式,不能改变每页的行数、字体大小和栏的宽度,而且要设法去除任何可能增加无谓字数的因素。

### 3. 剪切线

剪切线一般放在需要被剪切的词语或段落的后面,如果放在一句话的开始,就会使视频合成师因时间紧张而反应不过来。在剪切线的左侧末端是镜头序列号,线上是摄像机机号(有时在演播室内也可以用到),线下是对镜头的描述。

### 4. 备用镜头

在初编时,你会发现需要一些备用镜头。例如,如果需要在10号镜头后再加一个画面,那么你就可以把它命名为10A。如果要使用备用镜头,就应该给相关的摄像师以明示,这样他就能把这个镜头加到摄像卡上。

## 九、解说词的撰写及节目编排要求

### 1. 解说词的撰写

解说词是节目的重要组成部分,解说词中精彩的语句将会给人留下深刻的印象,但解说词是不能脱离画面而独立存在的。

从文字上来看,它断断续续,段落和段落之间常常缺乏内容和形式逻辑上的连贯性,既不适合于朗诵,又不能单独作为报道来发表。

解说词的出现要服从画面内容的需要。解说词写得好不好,首先要看它是否能很巧妙地与画面密切配合,是否能充分表达画面没有表达出的意思。解说词的作用是对画面进行补充、提高,而不是对画面的简单重复。

解说词应该力求口语化、通俗化,必须使人一听就懂。解说词要短而精,不应当让解说词塞满画外音。

### 2. 节目编排要点

编导在编排节目时,应注意掌握以下几个重点:

◎ 重点节目应该安排在收视率的高峰时段——"黄金时间"，即从晚上6:00到午夜；

◎ 有明确对象的节目，应当选择最恰当的时间，既便于愿意收看者收看，又不耽误其他观众的时间。比如，以家庭主妇为对象的节目，大体安排在上班、开工以后的时段播送；

◎ 如果有几个新闻节目，则内容和形式不能完全重复。除了18:30—19:00、19:00—19:30两次节目为适应时差而重播之外，其他新闻节目均可随时增加新的报道、新的消息。

◎ 一次节目中，色彩要精心组织、巧妙搭配。

## 十、电视编导的现场操作

编导在进入演播室前就应尽快在全体工作人员中树立起自己的威信，这样才能有一定的影响力，从而使每个人都尽最大的努力配合自己完成拍摄工作。

### 1. 满足每个细节的需要

如果一个节目在制作的过程中总是出错，那么节目主持人和制片人就急需听取他们认为有利于节目拍摄顺利进行的意见和建议。技术人员会给编导提供他想要的任何设备条件，但前提是编导明白什么是节目需要的，什么是不需要的。作为编导，在进入演播室之前一定要做到心里有数，知道需要什么并且预先准备好，等节目录制工作开始以后再突然提出要求，就很难做到万无一失了。

### 2. 要有积极主动的精神

节目现场的每个人都必须听从编导的调度。如果一个编导以一种积极且充满活力的状态进入演播室，那么大多数工作人员也都会受到鼓舞和激励，从而以同样的状态投入工作。这样的工作效率和成果自然是编导期望得到的。但这一点做起来并不容易。如果你连续几个月总是凌晨三四点钟起床，就不会保持那么好的精力了。因此编导要有极大的毅力去克服一切困难。

编导要时刻保持自信，大多数刚刚担任编导的人在指导比较复杂的节目拍摄时往往会感到有些紧张。这其实很正常，即使一些资深编导也免不了紧张。不要告诉在场的任何人你感到紧张。大家都关注各自的精神状况，他们相信编导有详尽的拍摄计划并能够指导节目顺利地进行。要告诉主持人他们在节目中需要做什么、应该注意什么。技术操作人员往往想知道有哪些可用的节目信号源,编导必须给他们具体的指令。例如,如果你有6台录像机,千万不能笼统地说"录像机开始播放",而应当具体地说"录像机×(具体的机号)播放"。

3. 认真倾听他人的意见

编导在节目的拍摄当中应当听取他人的意见和建议。如果助理告诉你一盘录像带内容的结束语,你就应该认真地听而不要自己去猜;如果节目编辑更改了故事情节的顺序,他一定有自己很好的理由,作为编导,就应该考虑接受这种改变并给予肯定。这样就能和周围的同事配合默契、相处融洽。

## 十一、现场直播

现场直播的高要求往往会吓退一部分编导,但现场直播有很多优势:首先,虽然有时候现场直播需要你准备一些演播室用的编辑好的录像节目,但它花费很小,因为它省去了后期编辑的过程;其次,它是实时播出的,节目传播速度很快。

1. 前期准备

作为编导,你必须掌握好节目的播出时间,把排练和吃饭的时间安排好,很多工作需要编导助理和技术人员来帮你完成。

编导助理必须和演播室时刻保持联系,并做好计时和联络工作,以保证准确的节目播出时间。技术人员必须保证画面和声音已经做好传输的准备,并且符合各项技术标准。如果现场还要输入检测信号进行检查,那么在一分钟左右的时间内,视频合成师将无法对画面进行剪辑。

2. 提示点

一些国家的电视台在直播开始之前会在电视屏幕的顶端角落打上一个提示点,另外一些国家则采用在磁带上打提示点的方法去提示主持人什么地方会有广告插入。在不同国家,提示点显示的时间各有不同,但是一般来说,提示点会在节目开始或广告插入前30秒开始出现,5秒钟后消失。

3. 非播出节目信号监视器

最好有一台监视器能时刻显示哪个频道的节目正在播出,这样就可以清楚地知道什么时候节目正在播出,什么时候节目结束了。

#### 4. 应对突发事故

如果在节目播出过程中出现了突发事故,现场导演必须立刻作出决定。如果事故不是很严重,则可以按照原来的播出计划继续进行;如果需要进行大的调整,则应当立即下达指令安排好哪一位主持人继续主持、主持什么内容以及用哪台摄像机进行拍摄。下面是直播现场应对突发火灾的一个说明:

大部分演播室都有两个等级的火灾报警系统。

(1)第一等级(控制室里安静闪烁的红灯):演播室所在大楼的火警拉响

如果没有进行直播——

可让大家迅速从演播室和控制室撤退并转移到安全的地方。

如果正在进行直播——

技术人员必须立即判断问题的严重性,然后敦促现场导演迅速让嘉宾观众以及残障人士撤离。全体工作人员必须担负起责任,对每一位嘉宾和观众的安全负责。

现场导演应当下令切断所有通往演播室的电气供应,然后排除撤退路线上的任何障碍。

通知播出部门这儿有火警,并让他们做好准备随时停止播出。

如果有可能,削减工作人员的数量,只留一名主持人、一名摄像师、一名现场导演(不带助手)、一名制片人、一名编导(不配备合成师、字幕员和图形师)、一名音响导演(不带助手)、一名技术总监(不带照明师和摄影助理)、一名录像机操作员。

(2)第二等级(强烈闪烁并发出声音的红灯):演播室正遭受火灾

告诉播出部门立即停止播出。清空演播室、控制室和其他一些地方(化妆室、更衣室等),千万不可为了节目而造成人员伤亡。

### 十二、电视编导节目策划的依据和原则

策划既然如此重要,那么依据什么原则进行宣传策划呢?

#### 1. 宣传决策的制定

作为社会主义国家的媒体,电视台同广播台、报社、通讯社等其他大众传媒一样,都是党和国家的喉舌,是党和国家的舆论工具,是党和政府联系人民群众的桥梁和纽带,也是传播社会主义精神文明的窗口。我国各级电视台在业务上受当地党委宣传部的直接领导,党和政府的一系列路线、方针、政策和法令,都可以通过电视台和广大群

众"见面"。因此,电视台是上情下达、下情上达的媒介。

电视台宣传内容的宏观决策,一般情况下是由宣传领导部门和有关领导机关先行制定,以宣传方针、宣传提纲或者宣传计划的形式下达的,通常应包括宣传目的、宣传要求、宣传对象以及对客观形势的分析,并在大体上规定宣传步骤的实施和宣传手段的配置,等等。电视台是一个科技含量高、设备和资金投入大的现代媒体,在下达宣传任务、制定宏观决策的过程中,一般还要考虑财政支持的具体安排。针对一些大型活动的策划,上级在制定宏观决策时往往要听取电视台方面的意见,由电视台方面做出财政方面的预算。

当然,宏观决策往往需要经过周密的调查研究和科学的评估之后才能做出。因此,在制订计划的时候,往往要考虑观众的思想水准和接受程度,有时还要针对对立的观点及其在一部分观众中的影响选择不同的方案。只有组织电视台和各方面人士以及专家进行讨论,拿出的宏观决策才会符合客观实际。

2. 坚持正确的舆论导向

电视台是大众传播媒体,具有传播信息的功能;同时,在我国,电视台又是舆论工具,是党的喉舌。电视台的这两种功能,要求其必须确立正确的舆论导向。舆论不是指单个人的言论,而是社会群体的言论,我们称之为社会舆论。电视台作为传播媒体,在传播信息的过程中应传播正向舆论。对于负向舆论,我们和西方电视台的态度是截然不同的。西方学者标榜"新闻自由",从表面上看,西方的大众传媒似乎没有阶级性,什么样的舆论电视台都可以发表,什么样的节目电视台都可以播出,实际上,当这些舆论和节目危及其社会制度和统治阶层利益的时候就会受到钳制,西方国家设立新闻检查制度也证明了这一点。

我们的电视媒体要旗帜鲜明地坚持正向舆论导向,用正面舆论引导人们的意识和意向,从而使人们的行为符合法律和社会道德的规范。对于负面舆论,电视媒体也不应完全不闻不问,而是及时披露事实,制止它的发展,把人们的社会心理和思想情绪引导到正向舆论上来。

坚持正向舆论导向,在策划宣传方针和宣传内容时,就要从实际出发,坚持实事求是的原则,力戒主观片面性。社会上发生着各种各样的事情,要想证明任何一种观点都不难,问题在于它是否代表事物的本质。比如1958年关于"大跃进"的宣传,提出"20年赶英超美"的口号,对大炼钢铁和农业生产"放卫星"的报道,其主观意向不能说不好,但因为违反了客观规律,所以产生的是负面效应。有些事实具有某种片面性,尽管其出发点和用意是好的,但若只尊重片面的事实也会产生负面效应。例如关于黄河漂流的报道,一些热血青年提出中国人的黄河应由中国人最先漂流全程,他们冒着生命危险,组织黄河漂流队,在壶口瀑布的一些险段进行漂流,结果参加漂流队的一些青年葬身于黄河之中。这场悲剧与一些媒体推波助澜的报道不无关系。后来中央有关部门及时制止了相关宣传,才把这种以生命为代价的不理智的行为制止住。

坚持正面舆论导向,就要适时认清并把握主流,对主导性舆论进行广泛传播;而对于消极舆论,如果其与积极舆论有密切关系,则要通过舆论工具促使其转化,要通过正面引导分散人们的注意力。总之,舆论导向是宏观决策关注的最重要的因素。在进行宏观决策的时候,必须注意当前各种社会舆论的焦点问题,这样才能把握正确的舆论导向,做到有的放矢。

### 3. 明确主导传播意向

舆论导向是宣传决策部门和编辑部对公众舆论的引导,可以说是对外宣传的统一口径。编辑部要把握公众的舆论导向,首先要明确主导传播意向。什么是主导传播意向呢?主导传播意向就是编辑部根据党和国家的路线、方针、政策、中心工作、工作重点、全局和当前的实际情况制定的总体的报道思想。明确了主导传播意向,编辑和记者才能明确立足点和出发点。电视编导采制节目有时同新闻采访有所不同,只有了解了编辑部的宣传意图,外出采访和制作节目时才有把握。电视剧的编剧、导演只有在明确了解了编辑部的意图后,在创作时才能抓住要害,摸准时代脉搏。

电视台播放的反映社会主义现代化建设进程、反映党风廉政建设和表现中国革命进程的历史题材的电视剧都是根据主导传播意向创作的作品,这种主导传播意向体现在电视文艺作品中,换个较为流行的说法就是弘扬主旋律。主旋律体现的就是主导传播意向。

主导传播意向除了围绕中心工作以外,还包括倡导美好情操、道德理念,比如爱国主义、集体主义、尊老爱幼、救弱助贫,等等。在电视新闻作品、文艺作品中,这也是传播社会主义精神文明的永恒题材,也应属于媒体的主导传播意向范围之内。

主导传播意向决定了记者、编辑和电视编导们的立足点和着眼点,但这并不是说宏观策划只有符合主旋律的传播意向才是唯一可取的。以往,我们总是习惯于主观地希望大家看电视的第一意念是为了接受教育,其实,这是不切实际的。人们买电视的第一出发点是娱乐,是为了增添快乐,给生活增加色彩。的确,人们的消遣意愿必然使电视作品的题材多样化。事实上,我们的电视作品也是无所不包的,只是符合主导传播意向的作品应是电视宣传的主体。现实的矛盾是：好看的东西未必有意义，有意义的东西未必好看。有益无害的内容可以有，但不能无限制地增加，使主旋律变调。像珍闻趣事的软新闻以及当前风靡一时的各类选秀节目、娱乐节目和古装电视剧、都市言情剧、青春偶像剧等休闲节目、娱乐节目，单从主导传播意向的角度来看恐怕无法实现，但也不会对社会造成负面影响，所以在把握一定的度的基础上这类节目也是可以传播的。

4. 按规律办事

坚持正确的舆论导向，明确占主导地位的传播意向，是方向，是灵魂，是把舆论工具掌握在党和人民手中的关键，但这并不等于有了这两条就可以把电视节目办好。有些节目，导向正确，主导传播意向也很明确，可观众就是不爱看、不买账，为什么？就是因为没有尊重电视的规律，没有尊重观众对电视媒体的认识。因此，在把握方向的前提下，还要探索电视节目传播的规律和观众的接受心理与要求。

那么，什么是规律，电视节目创作又有哪些规律必须遵循呢？

规律就是法则，是事物发展过程中的本质联系和必然趋势。新闻有新闻规律，艺术有艺术规律，电视节目也有自身的规律。规律是客观的，是事物所固有的，人们不能创造、改变和消灭规律，只能认识它、利用它，并限制它的某些破坏作用。毛泽东同志在《实践论》中指出："马克思主义的哲学认为十分重要的问题，不在于懂得了客观世界的规律性，因而能够解释世界，而在于拿这种对于客观规律性的认识去能动地改造世界。"在制定宣传决策的过程中，我们固然要坚持正确的舆论导向，要明确主导传播意向，但不能用意志去改变电视节目创作过程中的客观规律，我们只能遵从规律、运用规律、掌握规律，使之更好地为自己服务。电视传播活动要遵循哪些规律呢？作为大众新闻媒体，电视首先要遵循基本的新闻规律，但电视不同于报纸等通过文字符号传递信息的新闻媒介，也不同于广播只具备声音传输的功能，电视除了要遵循新闻规律以外，还要遵循其独特的电视新闻语体的规律。电视是传播多种信息的媒体，电视文艺、电视剧除了遵守一般的艺术规律以外，还要遵守电视文艺自己的规律。电视传播是现代科技的产物，从视觉艺术上讲，电视在绘画、雕塑、工艺、建筑、戏剧、音乐、电影之后，被称为第八艺术（在欧美和日本则称第九艺术），是所有艺术之后的一种综合艺术。与电影相比，在科技手段上它是后来者，电影所具有的，它几乎都具有，但在传播规模和传播速度上，电影却无法和它相比。于是，电视又有了它独特的传播规律，比如实况转播、现场报道，这又是电视传播的规律和特性。

(1) 新闻规律

新闻规律是电视和所有新闻媒体共同具有的规律,对于新闻规律的认识,目前比较一致的观点大体上有几点:第一,事实是新闻报道的基础;第二,真实是新闻报道的原则;第三,党性是新闻传播的核心;第四,政策是新闻宣传的生命;第五,人民是新闻舆论的主体;第六,舆论是阶级利益的表达;第七,实践是检验新闻传播社会效果的标准;第八,党的领导是社会主义新闻事业发展的保证。

电视的新闻规律除了具有上述新闻媒体的共性外,还有电视语言语境的特殊规律,即要注重画面语言的形象特点,例如具有典型电视语言语境特征的"同期声",对于其的运用要与画面有机地配合。在用文字传递信息的时候,电视与报纸使用的语体和语法习惯有所不同,电视的语体和语法更类似于广播:一是要简练,用短句子,不用长句子;二是要用简单句,不用复合句;三是要用口语;四是不用生僻的词,更不能造词,也不能用音同义不同的词,以免产生歧义;五是报纸喜欢用统计数字,电视却最忌讳数字,电视中的人声语言在观众耳中有一次过的特点,人们记不住,因此要学报纸的长处,必要的数字用字幕来展示。电视语言语境的这些特殊规律会影响电视的新闻规律,特别是影响电视的传播效果。

(2) 艺术规律

文学和艺术的规律是一个很大的体系,包括的内容很多,大体可分为三部分:一是文艺与社会生活的关系,包括文艺与政治、经济和其他社会意识形态的关系;文艺发展与社会发展之间的关系,文艺自身的继承、革新和各民族文艺的相互影响等,它的中心问题是研究、阐明社会生活对文艺的作用和反作用。二是文艺本身的创作规律,诸如文艺作品中的形象、典型和创作方法,文艺作品内容与形式的构成因素及相互关系等。三是文艺鉴赏、评论的一般规律,即研究如何鉴别、评论文艺作品的成败得失,如何使文艺作品通过自身的特点更好地发挥其独特的社会作用。根据上述原理,艺术规律在当前表现为:第一,文艺为人民服务,为社会主义和为改革开放服务,为人民提供尽可能多的精神食粮。第二,在创作上实行"百家争鸣,百花齐放"的方针,既提倡弘扬主旋律,又坚持多样化。第三,加强文艺批评和正确的舆论引导。

电视艺术的创作规律必须遵循艺术创作的特有规律来进行。电视艺术是以电视技术为传播手段,通过塑造鲜明的屏幕形象,以达到感染人的目的的艺术形态。电视传播有三大功能:信息传播、新闻纪实和艺术表现。电视文艺是艺术表现功能的体现。这三大功能有两种形态特征,可分为实用性和幻想性两种。电视文艺属于幻想性的"表现形态",它遵循审美规律,以艺术虚构的方式,创造出源于生活又高于生活的幻想生活方式,它不在于现实生活的艺术性表现,而在于以独立的艺术形象重塑一个"艺术世界"。在这里应该特别指出的是,有一些反映现实生活的纪录性节目也被称为电视艺术片,也在使用"电视艺术"这个概念,这个"艺术"主要表现在结构方式和摄影构图上,不属于我们讲的电视文艺这种电视艺术所特有的艺术虚构方式。电视艺术的思维主要依靠艺术的思维即形象思维,这种形象思维除表现为一般的形象思维所具有的大胆想象、奇妙构思以外,又具备独有的特点,即蒙太奇思维——电视创作要通过一组具有形象特点的画面来实现:在结构方式上,要运用蒙太奇手法进行组接;在制作方法上,讲究表演技巧和剧作艺术,最终构成一个具有鲜明屏幕形象的艺术整体。

　　严格地说,电视文艺节目的创作既无定法,又无定规,给电视艺术找出规律恐怕会以偏概全,普遍的看法是注重三个意识:一是屏幕意识,即可视性,就是要落实上面讲的蒙太奇思维;二是观众意识,强调艺术为人民大众服务,用健康、积极、向上的精美的艺术陶冶人们的情操,避免低级趣味;三是文化意识,各类电视节目都可以说是一种文化,因而现在有"电视文化"的提法,既然是文化,就要在观众欣赏电视作品的审美愉悦中潜移默化地用高品位的艺术给他们以更深层的文化熏陶。

　　(3)媒体本身的特点和规律

　　除了新闻规律、艺术规律之外,电视还具有"电视媒体"本身的特点和规律:一是同步性;二是现场性;三是可视性;四是超地域性,甚至可以说是全球性,卫星电视的出现,将人们之间遥远的距离拉近了,加拿大学者马歇尔·麦克卢汉(Marshall McLuhan)在其代表作《理解媒介——论人的延伸》中第一次提出进入电子时代后,人类会"重新部落化",整个世界似乎变成了一个"地球村",这就是电视传播超地域性的表现;五是广泛性,电视形象化、通俗易懂的特点,使得各阶层、各行业、各种文化圈中人人皆可成为电视的观众。针对电视本身的规律和特点,就要注意保持电视传播的时效性、现场性、广泛性的优势,同时考虑电视业界的同行竞争。现在,有线电视已全面普及,大城市数字电视的全面覆盖指日可待,观众的选择余地非常大,如果不遵循电视的各种规律,观众的选择就会决定小到一个节目,大到一个电视台的命运。

**经典解读**

**青岛电视台《生活在线》栏目解析**

　　青岛电视台2000年创设的《生活在线》栏目于2004年获国家广电总局首届"十佳栏目奖",它是唯一获此殊荣的省辖市(非省会城市)电视台栏目,播出时长为25分钟。该栏目关注"与普通百姓衣食住行密切相关的经济、文化特别是社会话题",把目标受众锁定为"高中文化程度以上,18岁以上、55岁以下的城市居民",提出了"生活在线,再现生活"的口号。几年来,这一栏目始终把镜头对准普通百姓,深入城市生活的脉络中。

编排上,该栏目分为三大版块:城市快报+深度报道+休闲、娱乐、服务新闻。"城市快报"版块注重动态消息,信息量大,为观众提供资讯,简洁明快;"深度报道"版块包括现场报道、记者暗访、生活热线等;"休闲、娱乐、服务新闻"版块主要突出趣味性,注重轻松幽默。三个版块张弛有度,形成鲜明的特色。2003年夏季,《生活在线》和有关部门一起,发起捐资助学活动,十几天时间内便募集到社会捐款25万元,帮助114名贫困学生圆了大学梦。这次活动产生了较强的社会影响。

该栏目在编导风格上倡导用个性化的口语来表述,注意捕捉细节,挖掘事件中的娱乐元素和服务内涵,从而使这一生活栏目变得更加有趣和有用。

### 实训要求

1. 在学校电视台模拟电视栏目策划及编导。
2. 利用实训期,到校外电视台进行电视栏目策划及编导的实习。

### 作业

1. 说说电视栏目的类型及其编导的创新思路。
2. 策划并制作一档电视栏目,在多媒体教室试映后供教学点评。
3. 说说关于电视编导的基本概念及其相关的基本理论。
4. 用摄像机拍摄一组不同景别的画面,依据蒙太奇原理和画面转场方式对其进行组接。

### 实践作业要求和实施步骤

1. 写好电视栏目策划书;
2. 拍摄栏目素材;
3. 在电脑上初步完成栏目组合;
4. 在非线性编辑系统上进行剪辑和后期制作。

(工具:数字摄影机、高配置电脑、非线性编辑机。)

**"电视栏目"优秀作业图例**

优秀作品《汽车时代》《逛市场》选自某院校电视节目制作系此前参加全国电视节目大赛的参赛作品。这两部电视作品都曾在无锡市电视台相关频道播放过。请参看图例《汽车时代》(见图1-17)、《逛市场》(见图1-18)。

图1-17 《汽车时代》

图1-18 《逛市场》

**习作点评**

1.《汽车时代》属于生活服务类栏目,该栏目的编导能敏锐地抓住当前部分市民关注的热点之———汽车来选材立意,并且用几个富有特征的标志性画面加以突出表现。如图中显示的车模、品牌标志、车型外观、数字化驾驶设备等,给人以鲜明直观的画面视觉冲击,这些都体现了该栏目编导的民生意识、市场意识和品牌意识。可以说,这是一部能较好体现"电视栏目"课题教学要求的优秀电视栏目习作。

2.《逛市场》也属于生活服务类电视栏目,编导在栏目内容中以相关木材商品如地板等为内容,展示琳琅满目的地板商品种类,宣传为顾客着想的销售理念:"只买对的,不买贵的。"实施以诚取信、赢得市场份额的营销战略。该作品的编导抓住了商品的市场定位,善于根据服务对象挖掘服务内涵,从而突出策划和编导的主旨,较好地体现了切合服务对象实际的编导构思。

**参考资料**

1. 王健.电视栏目策划与制作实用手册[M].合肥:安徽文化音像出版社,2004.

2. 王东.电视台栏目设置与栏目经营运作实用艺术手册[M].合肥:安徽文化音像出版社,2004.

3. 邵长波.电视导演基础[M].北京:中国国际广播出版社,2008.

## 学习单元二

# 电视栏目综述

一、电视栏目的含义
二、电视栏目与电视节目的区别
三、电视栏目的定位
四、电视栏目的类型和策划

**学习目标**
- 了解电视栏目的定义。
- 掌握电视栏目与电视节目的区别。
- 充分了解电视栏目的定位。
- 掌握电视栏目的分类和策划要求。

## 一、电视栏目的含义

电视节目的栏目化,电视节目由松散拼凑向集约规范发展是电视节目走向成熟的重要标志。从电视发展的历史看,初期的电视节目只是把一些新闻和教育、文艺类的节目以及电影、电视剧大致划分一下时段播出。随着电视事业的进一步发展,大量电视节目开始逐步实行归类、定宗旨、定时、定量播出,以稳定观众,保证收视率。于是,电视很快借用报刊的术语和广播的做法,开始推出"专栏节目",逐步走上电视节目栏目化的道路。

电视栏目的概念来源于报刊的专栏。"栏"是报纸编辑的一个基本构成单位。有时,报纸编辑将内容相近或者有某种联系的几条新闻编排在一起,在"栏"的周围再用线条加以包围以引起读者的注意,然后再加上标题就成了栏目。栏目如果刊登在报纸相对固定的版面位置上,又有作家专门定期为该栏目写文章,这个栏目就成了专栏。专栏是编辑稿件的重要方式之一,是报刊上专门刊登某一内容稿件的版面。专栏一般都有固定的名称和位置,在报刊版面中具有相对的独立性,可以进行单独而集中的稿件组合。

电视栏目借用了报纸专栏的形式,是内容相对专一、具有专门栏目性质的节目类型。"电视栏目"一词与"电视专栏"有一定的区别,但在大多数情况下是相同的。电视栏目一般以栏目名称、特定的标志图像和间奏乐等元素与其他栏目区分开来。其所有内容具有同一主题、是同类题材,或同一体裁、同一特征等,又与整个栏目和谐统一,使栏目布局与结构层次化、精致化、延续化。

## 二、电视栏目与电视节目的区别

电视栏目与电视节目之间既有联系又有一定的区别。电视节目是电视台各种播出内容的最终组织形式和播出形式。电视的内容随着时间的推移而不断变化,就像竹竿一样,有着一个个的节,每个节代表着一个时间段,每个不同的时间段播出不同的内容,于是我们就称这种不同时间段的内容为节目。而电视栏目,从本质上讲是一种节目的编排形式,是电视传播内容的基本单位。因此,人们在习惯上把栏目叫作节目。但两者并非等同,主要区别有以下几点:

第一,栏目的外在标志是有固定的主持人,而节目则无须也无法拥有固定的主持人。

第二,栏目是定时定量播出的,节目则是单一的、无延续性的、不固定的。

第三,收视对象不同。栏目的内容主题是明确的、有限制的,内涵很大而外延很小,它只针对部分观众的收视兴趣,仅为这部分特定观众服务;节目的内容相对来说基本不受限制,古今中外、天文地理均可涉猎,所以它的收视对象并不固定,也就是说,节目的内容在总体上要比栏目的内容广泛很多。

第四,在收视率上,栏目更注意追求稳定的收视率,而且收视率的高低也不是评估栏目优劣的唯一因素;节目则不然,其观众指向相对模糊的属性使它可以毫无顾忌地向高收视率努力,而收视率的高低也是评估节目优劣的一个重要因素。

第五,在时空分布上,栏目的焦点指向时间的延续上,它呈线状结构,注重在时间的流逝中调动观众的收视兴趣,让观众不断产生欲知"下回分解"的冲动,以达到稳定的收视效果,弥补其观众面较小的不足;节目则更多地体现在空间形态上,呈点状结构,不具备调动观众收视兴趣的稳定手段,通俗地说,节目与观众之间是"一锤子买卖"。

第六,栏目在时间上的延续性和收视上的对象性足以让观众产生强烈的参与意识,这种参与意识可以在栏目和观众之间建立起良好的感情联系;而节目在空间上的戛然而止和点状结构属性,则往往使观众无法长久地保持感情上的投入,找不到宣泄感情的载体,无法参与。

### 三、电视栏目的定位

事实上,"定位"一词借鉴了市场营销学的专用术语,其原意是确定商品在市场中的位置。也就是说,定位是从众多的商品概念之中,发现或形成有竞争力、差别化的商品特质及重要因素。

市场营销学认为,一个新的品牌要想成功地打入既有的市场,最常用的方法就是发现新的定位。广义地说,定位是对一个组织、产品或品牌的性质、功能、基本宗旨的科学界定。对于电视栏目来说,定位决定了一个栏目的品位和效益。一个栏目的设置,首先要解决的就是"定位"问题,有了恰当而准确的定位,就能获得栏目优势,就能在媒体市场中站稳脚跟。

2003年10月,新生的东方卫视另辟蹊径,将频道总体定位为"中国都市旗帜、国际传媒标准、社会制作窗口、全国城市平台",将内容定位为"新闻见长、影视支撑、娱乐补充、体育特色","依托长三角,打造跨区域强势媒体"。开播仅一年多,东方卫视很快在全国确立了自己的独特地位,2004年上半年甚至取得省级卫视收视率排名第一的佳绩。

在"焦点热"降温之后,中央电视台《焦点访谈》栏目于1998年将自己的定位由原来的"时事追踪报道、新闻背景分析、社会热点透视、大众话题评说"调整为"用事实说话",改变后的定位表明了新时期新闻媒体对舆论监督和批评权力内涵的理解的转变,节目从揭露曝光转向理性建设,也获得了更多的认可。

由此可见,一个优秀的电视栏目的诞生,必须要有一个准确而清晰的定位,定位是策划的基础,是对栏目宗旨的表述,也是对受众对象和栏目风格的认定。电视栏目的定位具体包括栏目的对象定位、内容定位、形式定位和目标定位几个方面。

1. 对象定位

一个栏目要想成功,就要得到观众的认可,获取最大的受众量。而要做到这一点,首先要明确栏目是做给谁看的,要对栏目的收视对象有一个明确的界定,即确定栏目的目标受众,这是立足于媒介市场分析而对媒介产品的市场定位所得出的结论。栏目内容必须做到有的放矢,才能达到预期的效果,如将受众对象定位为少年儿童的《大风车》《动画城》,将受众对象定位为女性的《半边天》《女性时空》,将受众对象定位为普通消费者的《每周质量报告》等。

由于大众传媒的迅速发展和信息量的激增,受众对象接受、选择媒介信息的空间越来越大,而作为电视受众的大众也存在着或多或少的差异,比如具有不同的收视资源、不同的地理位置、不同的收视态度及收视习惯等。另外,目前的广告投放越来越理性,任何一条成功的广告都有明确的诉求对象,因此广告客户在投放广告时会要求媒介进行市场细分。基于以上三点,根据普遍收视兴趣寻找具有不同节目需要和接收行为的受众群体,便成为目前传媒的发展趋势。如中央电视台的频道细分立足于电视观众的个人兴趣爱好,按照电视观众各不相同的收视喜好开设了财经、体育、戏曲、音乐、电影、电视剧等专业化频道。所以,在栏目制作时要首先定位栏目对象,进行栏目的市场细分,这是适应电视受众不同收视需求的必然要求,也是适应广告市场细分的必然要求。尤其是付费电视的发展,将会进一步推动观众市场的细分。我们可以看出,未来的电视栏目设置会要求电视台更为深入、准确地把握自己的收视对象。

1996年诞生的中央电视台的《生活》栏目并未将自己的收视对象定位为《为您服务》时期的那种普遍性观众,而是将栏目的主体观众定位在25—45岁之间、受过大学教育、月收入2 000元左右的市民。按照1996年的生活水准,这些人群基本上属于城市当中的"中产"一族,这个群体有购买力,有享受生活的欲望,比较追求生活的雅致,对时尚品牌比较关心。《生活》栏目就是揣摩他们的心思,用对口的节目满足他们的需求。随着社会的发展,这个阶层的人群在逐渐扩大,收视群体也在扩大。

当国内的读书类节目普遍低迷,甚至连中央电视台的《读书时间》都已退出荧屏之时,河北电视台的《读书》却一枝独秀,傲然挺立于综艺节目的万花丛中,具有非常大的影响力。这与《读书》栏目特定的观众对象定位有着密切关系。该栏目原制片人周晓丽在谈到该栏目的收视成功经验时表示,一个栏目的成功首先必须具有一定的物质基础。目前,我们国家人民的生活水平已经从整体上达到了小康水平,文化消费占日常消费的比例正逐步上升。其次,受众必须具备一定的文化知识水平。随着九年制义务教育在全国的基本普及和高等教育的快速发展,国民文化水平普遍提升,读书人势必越来越多。再次,受众必须有追求精神文化生活的欲望。社会文明程度在提高,国民文化素质在提高,各种价值观念、思维方式的多元化,决定了人们对自我生活方式选择的自由度在加大。成功的对象定位,为该栏目提供了数目庞大的观众群体。

2. 内容定位

明确了电视栏目的对象,即决定了栏目要"做给谁看"之后,就要确定栏目应该"做什么"。栏目的内容定位与栏目的宗旨、性质相关联,同时也体现了栏目的文化品位。

栏目的宗旨与性质,是电视栏目的根本,它规范了栏目的表现范畴,体现了栏目的风格,同时也是形成一个栏目特色的重要标志。如中央电视台的《焦点访谈》将栏目定位为"用事实说话",显示了该栏目的内容是以事实为依据、用事实做评论的;凤凰卫视的《锵锵三人行》栏目宗旨是"不求高度,只求广度;不求深度,只求温度;不求结论,只求趣味",显示了栏目内容只是将主持人和嘉宾间的调侃搬上电视,以百姓之心看天下之事;而上海电视台新闻综合频道的《上海早晨》,其广告语"充满活力的一天,从上海早晨开始"就已经将栏目轻松愉悦的风格展露无遗。

栏目的内容定位还包括栏目的文化品位定位,这是栏目根据其宗旨、受众群体、所处的媒介环境等因素对栏目内容文化含量、文化风格的定位。电视作为一种大众传媒，要满足不同受众群体的收视需求，栏目的文化品位既要有适合"阳春白雪"的高雅，也要有适合"下里巴人"的通俗。如湖南卫视在2003年提出了"锁定全国、锁定娱乐、锁定年轻"的战略定位;2004年，提出"快乐中国"的口号;2018年，提出"快乐中国，向美好出发"的口号;2019年9月16日，正式提出"快乐中国，天生我热爱"的频道呼号。依据其定位，其所属栏目也以通俗的娱乐栏目为主打。2008年8月，浙江卫视推出"中国蓝"品牌定位;2018年2月，浙江卫视"梦想绽放"主题的频道视觉包装上线，推出了时尚、年轻的概念，以打造全新的电视品牌形象。河北电视台的《读书》栏目把镜头的焦点始终落在读书人、写书人、出书人之间，让这三者互为观众、互相沟通，以"发现好书，推介好书，引导观众，服务读者"为目标，内容上追求"思想性、知识性、新闻性、艺术性"，坚持"正确的舆论导向，高尚的文化品位，积极的社会效果，一流的艺术追求"，体现了栏目高雅的文化品位。

特定的收视群体有特定的内容要求，因此，针对栏目对象的内容定位一定要准确而清晰，这样栏目才能获得受众对象的认可。北京师范大学艺术与传媒学院院长胡智锋教授曾就中央电视台《十二演播室》栏目的内容定位作出评价，他认为，该栏内的内容定位为"关注青少年"是不太恰当的，"关注青少年"和"青少年关注的"是两个不同的概念。因为每个人都面临着学习、工作、恋爱、家庭等问题，如果泛泛而谈，没有什么特指，那么关于20岁和关于40岁在内容上就没有什么差别，与其他的文艺节目和新闻节目也区别不开，那就是多此一举。但20岁关注的和40岁关注的肯定不一样。不一样在何处，这就值得琢磨、探究、发掘和表现。他还认为，如果找到青少年这个年龄段不同于一般成年人的独特处，就可能找到这个栏目的独特内容定位。如攀岩活动，40岁的人可能不会冒这个险，而这种带有理想主义、冒险主义、英雄主义的富有激情的浪漫的运动，可能只是20岁左右的青年人所关注的，是他们面对世界的一种生活方式，这类内容应当成为《十二演播室》的主打内容。

3. 形式定位

明确了栏目要"做给谁看"，同时也确定了栏目要做什么之后，就该确定栏目该"怎么做"，也就是选择以何种形式表现栏目的内容，即确定栏目的形式定位。传媒的吸引力，根本在内容，但形式也是重要的决定因素。内容决定形式，但形式反过来又强化和美化内容。

形式对内容有着重要的影响，有时形式的作用甚至大于内容，人们对内容的印象甚至源于对形式的记忆。如张艺谋的电影《英雄》，人们可能已经忘记了影片的具体内容，但对片中张曼玉红衣飘飘，置身于漫天黄叶中的唯美场景却难以忘记。因此，无论是商业策划，还是广告案例，人们在确定内容之后，都会追求精彩的表现形式。新闻媒介也是如此，无论是报纸版面，还是广播电视栏目，都力求内容与形式完美地结合。电视栏目的形式，主要表现在栏目的结构形态和表达方式两个方面。

栏目的结构形态主要有杂志型和专题型两种。杂志型栏目是借助杂志的编辑方式，以强烈的电视意识，充分发挥电视声、画等元素的传播优势而形成的节目传播形态。它的形式呈版块结构，时长一般在30—50分钟之间。结构灵活、形式多样、内容丰富是杂志型栏目的特点。大多数杂志型栏目内设若干个版块，形成栏目，如中央电视台新闻频道推出的大型周播性新闻杂志节目《新闻周刊》就由五个子栏目构成，分别是"新闻回顾""本周视点""人物回顾""本周人物""本周特写"。北京电视台基于《元元说话》在广大观众中的影响及其特点鲜明的栏目形式而诞生的"第7日""新闻对接""黑白瞬间""新闻彼此"等子栏目，由主持人元元以其独特的表达方式和个性化的语言风格串联播出。栏目中的点评机智传神、妙趣横生，该栏目很快成为深受观众喜爱的全国意义的名牌栏目，开创了北京电视台周日中午时段的收视新高点。

与杂志型栏目相对应的是专题型结构形式的栏目，即每期内容只由单一专题报道构成的栏目，因为是单一型专题，因而此类栏目更着重于事实深度的挖掘与分析。如专题性新闻栏目《焦点访谈》《新闻调查》，多数都是对一些重大社会性事件的深度报道。而谈话式与专题型相融合的栏目形式，如《实话实说》《往事》等，则受到许多观众的喜欢。

栏目的表达方式也是栏目形式定位时要考虑的因素，栏目内容的表达方式体现了栏目的内在节奏与风格。新闻类栏目多种多样，像中央电视台《新闻联播》那样的"联播式新闻"给人一种严谨庄重的感觉，而陈鲁豫的《凤凰早班车》则给人一种轻松活泼的感觉。同样是益智类栏目，有问答式，也有竞猜式，要根据栏目的目标、对象及内容来确定具体表达方式。以《开心辞典》为例，该栏目所采用的复合式问答方式或猜词方式是大众生活中非常熟悉且熟练掌握的基本技巧，然而，简单的游戏方法却蕴藏着极其丰富的效果：选择问答形式把无限的知识领域浓缩成为A、B、C、D的简单选择，特别容易使观众产生跃跃欲试的冲动；猜词形式则更是人们生活里有意或无意中经常遇到的表达技巧，把这种生活中的状态提炼出来作为一种公开的游戏形式，这本身就会带来丰富多彩的收视效果，使这种表达方式成了吸引观众收看栏目、参与栏目的主要兴趣点。

4. 目标定位

栏目的对象、内容及形式都确定以后,就要进行长期规划,确定栏目的发展目标,进行目标定位。栏目的目标定位通常是超越栏目正常运行范围的,具有战略意义,有原则要求,是栏目战略地位、任务性质、时间目标、空间目标定位的综合。比如,将栏目的目标定位为"王牌栏目""名牌栏目""一流栏目""与……抗衡的栏目""两年后推向全国的栏目""覆盖全国城市台的栏目""向所有地面台发行的栏目",等等。

栏目的目标定位包括确定栏目的知名度目标、栏目的说服力目标和栏目的广告销售目标等。这些目标确立以后,便可以对栏目的内容及形式进行有针对性的修补完善,而栏目目标的实现又是与栏目的包装和推广密切相关的。

栏目具有不同的目标定位,也就相应地要有不同的包装和推广策略,即使是同一个栏目,在不同时期的包装和推广策略也是不尽相同的。因此,栏目为了实现自己的目标,必然要有适合栏目自身的包装推广策略。而且,栏目的形象提升,被社会和观众认同的速度和程度,在相当程度上也取决于其包装和推广。如1993年5月1日凌晨,《东方时空》的片头以一组有"喷薄的朝阳、振翅的飞鸟、生长的新芽、奔流的江河"为主题的画面在清新舒缓的音乐伴奏下呈现在千家万户的电视荧屏上,显示了栏目新生的力量与磅礴的气势,体现了其"王牌栏目"的目标定位。

## 四、电视栏目的类型和策划

1. 电视栏目的分类

按表现内容划分,一般是"四分法",即将栏目分为新闻类、社教类、文娱类、谈话类四大节目类型。

(1) 新闻类栏目

电视新闻栏目属于电视新闻性节目,是用电视手段对新近发生或正在发生的事实进行报道和评论的节目形态。按照新闻结构形态,栏目可以进一步划分为:

① 集纳型

集纳型栏目是电视中最常见也最早出现的一种新闻专栏。这种栏目一般是动态消息的组合,能够最简明、最快捷地告诉观众新的新闻事件。如中央电视台的《新闻联播》《新闻30分》,凤凰卫视的《凤凰早班车》以及各地方台的早晚新闻等。

②杂志型

杂志型栏目往往由若干版块组成，版块化是此类栏目的显著特征，它们信息含量大、形式灵活。我国第一个新闻杂志栏目是上海电视台1987年7月开办的《新闻透视》，随后，不少电视台也推出了这类栏目，如福建电视台的《新闻半小时》等。但真正产生影响并且作为一种观念而被广泛接受的，则是中央电视台于1993年推出的大型早间新闻杂志栏目《东方时空》。

③专题型

专题型栏目指每期内容都有单一专题报道的新闻栏目。此类栏目着重于深度挖掘与分析事实，满足观众深入了解新近发生的一些重大事件的前因后果、发生发展的欲望，深度报道是其主要特征。中央电视台的《焦点访谈》《新闻调查》以及各地方台的"焦点"类栏目，都属于此类型。

(2) 社教类栏目

电视社教栏目是以社会教育为宗旨的各种电视栏目的总称，它们既有传播信息的作用，又有供人欣赏娱乐的作用，但其基本社会功能是教育。电视社教栏目内容包罗万象，形式活泼多样，可以兼容多种电视表现手法，因而具有形式多样化和魅力独特的特点。

按照主要功能，社教类栏目可以进一步分为：

①知识文化性栏目

知识文化性栏目的突出作用是向观众传播政治、经济、文化、法律、医疗等方面的知识，传播我国或各地的历史沿革、民众长久以来形成的思想感情和价值取向、中华民族或世界各地的风俗民情等社会文化，如中央电视台的《文化十分》、山东电视台的《美丽山东》、内蒙古电视台的《金手指》、河北电视台的《海外e线通》等栏目。

②科学教学性栏目

科学教学性栏目侧重于向观众宣传科学，引导观众爱科学、学科学、用科学，以提高全民的科学素养；或是带有教学性地向观众传授知识技能，如棋类教学、英语教学、戏剧教学等，集科学性、教学性、实用性、服务性为一体，如中央电视台的《科技博览》《跟我学》、武汉电视台的《科技之光》、北京电视台的《魅力科学》等栏目。

③服务指导性栏目

服务指导性栏目指那些实用性强，采用传信息、做咨询、当参谋、反映群众呼声等方式，为帮助社会各界群众解决各种实际问题提供方便，对受众的心理和生活需要有直接影响作用的电视栏目。

服务指导性栏目内容、题材广泛丰富，贴近生活，主要向观众介绍（或示范）烹调、美容、医疗保健、种植养殖等方面的知识，并提供有关生产、生活的各种信息，以实现服务、指导生产或生活的作用等，如中央电视台的《为您服务》、湖北经济电视台的《何嫂五分钟》、东方卫视的《贝太厨房》等栏目。

（3）文娱类栏目

电视文娱栏目属于电视文艺娱乐性节目范畴，它是利用电视手段满足人们感性生活（艺术审美和文化娱乐）需求的电视节目形态，主要是对舞台上或演播室演出的各种文艺节目进行二度创作，既保留原有艺术形式的审美价值，又充分发挥电视特殊的艺术功能。电视文娱栏目在提高大众审美情趣、陶冶情操和培育道德风尚、缓解心理压力和提供消遣等方面具有重要作用。

电视文娱栏目又可以分为电视文艺栏目和电视娱乐栏目，它涵盖了电视屏幕上的一切电视文学艺术样式，包括电视剧、电视综艺、电视文学、电视戏曲和电视艺术片等。继湖南卫视的《快乐大本营》和《玫瑰之约》后，全国各地刮起了"娱乐旋风"，各种各样的娱乐栏目蜂拥而至，迅速席卷大江南北，一时间令观众目不暇接。

电视文艺栏目在下文中有专题讨论，这里着重介绍电视娱乐栏目。

娱乐类栏目可分为游戏类娱乐栏目、益智类娱乐栏目、资讯类娱乐栏目，这几类栏目的特征分别为：

①游戏类娱乐栏目

娱乐性：娱乐栏目的宗旨就是"娱乐大众"，而游戏本身就是一种最基本的娱乐方式，它通过电视这一现代化媒体被搬上了屏幕。游戏类娱乐栏目通过展示游戏本身以及参与者在游戏过程中可能犯的错误和出的洋相等，融合多种娱乐元素，达到娱乐大众的目的。

竞争性：紧张刺激的竞争环节是吸引观众的一个重要因素，基本上所有的游戏类娱乐栏目都具有竞争性这一特性，只是不同栏目侧重点不同而已，有的侧重体力方面，有的侧重智力方面。

参与性：游戏栏目要做游戏，必然要有人参与。最初，游戏的参与者大多是影视明星；后来，参与者逐渐转变成普通观众。由于普通观众与电视机前的观众具有身份的相似性，因此其带来的收视率甚至比明星参与带来的收视率还高。

真实性：有人认为，电视游戏节目的内在形态特点就是写真，即关注现场、全盘托出。游戏效果是无法预先编排的，游戏节目中的出错、笑料使观众真正地笑了起来，即使不是直播节目也保留了这一点。

②益智类娱乐栏目

知识性：知识性是益智类电视娱乐栏目的本质特点，这也是它能够占据游戏类娱乐栏目主流位置的根本因素。益智类娱乐栏目的优势在于它突破了传统的娱乐与知识分离的模式，让观众在娱乐中学习知识，在获取知识的过程中体味欢乐，从而真正实现了"寓教于乐"。

刺激性：商业运作带来的刺激性是益智类娱乐栏目发展的有效支持，也是它取胜的一大特色。纵观国内外的益智类娱乐栏目，商业刺激都是左右其收视率的直接因素。英国的《百万富翁》(Who Wants to Be a Millionaine)的奖金高达100万英镑，中央电视台《开心辞典》的最高梦想金额也超过5万元人民币。不仅如此，益智类娱乐栏目的受众也深深被商业刺激所吸引，场内场外参与答题的观众均可以获得高额奖金或礼品。

③资讯类娱乐栏目

由于资讯类娱乐栏目兼具传递信息和提供娱乐的双重任务，因此，这个栏目的显著特征就在于它融合了栏目的新闻性和娱乐性。

(4)谈话类栏目

谈话类栏目是适应广大观众参与性要求而产生的以主题谈话为内容的节目形式。按形式划分，谈话类栏目可以分为访谈式、讨论式、现场参与式三种。

①访谈式栏目

指栏目主持人与一个或几个嘉宾围绕一个主题进行访谈的谈话类栏目。由于采访对象(嘉宾)多系熟悉谈话主题的专家型人物，因而这类栏目的特征是谈话内容深入、集中，对于观众具有极大的指导和启发意义。

②讨论式栏目

指在主持人的安排和引导下由众多现场参与者围绕一个或几个中心话题轮流发言，最后再由主持人进行总结的群言堂式的谈话类栏目。其特点是参与者可以畅所欲言，代表面广泛，在一定程度上可以反映部分民意趋向。

③现场参与式栏目

指以上两种谈话栏目形式的一种综合。既有主持人和嘉宾之间围绕一个中心话题的谈话交流，又穿插了现场其他观众的即兴发言。这种谈话栏目的特点是现场感强，谈话内容可以做到既深入又广泛，但现场的主持、组织和引导则有一定的难度。

电视栏目的划分，是在当今大规模的频道专业化和节目需求量激增的情况下，为应对媒体的竞争而对电视栏目进行准确定位的一种方法，它涉及受众对象的细分、栏目内容与形式的选择、媒介环境的分析等因素,其最终目标是实现电视栏目的社会效益与经济效益的双赢。

2. 电视栏目策划的基本原则

(1) 观众至上原则

电视人必须学会充分尊重观众,学会正确把握观众的心理需求。可以采取以下办法来把握观众的心理需求:

◎ 问卷调查,即事先根据所要了解的内容编制问卷,向观众随机推送,要求收到者按问卷要求填写后提交至问卷后台,可有少许奖品作为鼓励,以提高回收率;亦可采用随机采访或电话咨询等方式了解观众的偏好;

◎ 小型专题调查会;

◎ 利用大型调查公司承接相关的调查项目,凭借调查公司掌握的大数据信息方便快捷地完成调查,以获得可信的、有价值的资料;

◎ 对调查所得的资料进行分析和研究,比如定量分析与定性分析、比较研究、历史分析和趋势预测等。

(2) 创新性原则

"创新"就是不满足于现状,不断进取,求新求变的一种理念。"创新性原则"即电视栏目策划人必须时刻以创新的眼光审视自己的作品,以不断创新的思维模式去修改现有的栏目,时刻保持栏目的新颖性。每一个精品栏目的背后都有一个创新的团体,一个创新的策划理念是支撑一个栏目在强手如林的电视竞争中处于不败之地的利剑。创新,也是一种乐趣,创新的乐趣就在创新的过程当中。尽管创新的思考过程也许是枯燥乏味甚至令人头痛不已的,但是苦尽甘来的滋味却又是那么令人神往。

(3) 效益双赢性原则

面对社会效益和经济效益的双重挑战,争取"双赢"是优秀电视策划人的努力方向。在二者不能兼得的时候,电视策划人又该怎样取舍呢?作为精神产品的制造者,电视工作者不能以牺牲社会效益去换取经济效益。

3. 电视栏目策划的基本流程

(1) 策划创意

创意,实际上就是正确地发现和提出问题,但它却构成了策划的核心部分。有了创意,整个策划过程就有了由头,后面的工作就是计算、推理,把创意付诸实践。好的栏目创意是提高策划效率的重要手段,但创意又无定法,灵感的火花不知在何处闪现。因此,在平时的策划过程中,电视策划人往往苦苦思索而毫无结果,弄得身心疲惫甚至丧失信心。而有时,灵感却又会突然蹦出来。好的创意有时只在极短的时间内就完成了,如《东方时空》子栏目"生活空间"那句著名的口号"讲述老百姓自己的故事",就是其制片人陈虻在几番冥思苦想之后,于某天夜里突然灵感闪现而来的。

(2) 设定策划目标

设定策划目标,通常是指超越电视栏目正常运行范围的有战略意义的原则要求,是战略地位、任务性质、时间目标、空间目标定位的综合。例如"王牌栏目""名牌栏目""一流栏目""两年后推向全国的栏目""覆盖全国城市台的栏目""向所有地面台发行的栏目",等等。

(3) 设计制作方案

策划人必须认真地对电视栏目进行可行性构想,并为栏目的未来制作、播出设计具体的步骤和方案,然后小心谨慎、认真仔细地撰写策划书。

(4) 介入实施过程

策划人在介入实施过程之中后,还要不断监控,以便不断改进。

(5) 反省和评估

在对一个策划项目进行评估时,应重点考虑这几方面的内容:

◎ 预测与结果差异有多大;
◎ 造成差异的原因是什么;
◎ 实施过程中存在什么问题,这些问题事先是否已经预料到,本项目是否解决了这些问题,用什么方法解决的,留下了哪些遗憾,今后遇到此类问题将如何解决。

4. 电视栏目策划人的基本素质

简而言之,电视栏目策划应具备三种能力和两种意识:发现问题的能力、协调环境的能力、创新能力和品牌意识、经营意识。

**经典解读**

中央电视台谈话类品牌栏目《艺术人生》前几年曾做过一期与著名导演陈凯歌的对话节目。陈凯歌是国际知名导演,其人生经历曲折复杂。如何准而快地切开陈凯歌复杂经历的一面?编导人员使用了道具——牙膏,直接切入陈凯歌对插队生活的回忆。对于陈凯歌来说,这段经历无疑是他生命中重要的一幕。我们来看看主持人朱军和陈凯歌的一段对话：

朱　军：您可能一上场就注意到了，今天在我们的现场有一道具，胶片盒。咱们今天的话题就从这盒子里开始谈？

陈凯歌：行。

朱　军：打开一个咱们谈一个，这里面有内容……非常简单，一管牙膏，是蓝天牙膏……看到牙膏，你第一感觉是什么？

陈凯歌：看到牙膏我第一感觉是，让我想起一个事……这牙膏让我想起来我年轻时当年插队的时候，我去的是云南，带了10筒蓝天特大号牙膏，大概没准备回来，没准备再回到北京来……

朱　军：为什么还怀念，因为那是你的好日子遗失了的地方？

陈凯歌：我特别感动，就是我在1993年的时候，偶然一个机会，其实是去看另外一个朋友拍戏，我就回到了我原来待过的地儿……我走进村落的时候，我就跟我的朋友说，我说你别说我是谁，因为肯定我的样子变化很厉害。然后我走进村子的时候，我看周围这些人，都用那样的眼光看我，然后我终于忍不住，走到一个人跟前，我说，你知道我是谁吗？周围大概有三四个人同时说，你就是陈凯歌。当时我挺感动，觉得这些乡亲们还记得我……那些日子过去这么久了，但是我还是觉得我之所以后来能做电影，感觉到自己心里有一些话想表达，其实所有的资源都是从那些很辛苦的、很艰苦的劳作中间，对家乡、对亲人的思念中间积累起来的……

这段对话中，道具牙膏引起了导演陈凯歌丰富的联想，勾起了他对往昔的回忆。如果按照普通的思维方式，话题应从他现在的工作开始，谈他取得的成就，然后再回溯他成长的经历。但这样一来，话题就会停留在叙述层面上，很难进入人物的内心世界，而要展示一个丰满的、有血有肉的陈凯歌，就必须截取人物生活的一个断面。为了迅速切入陈凯歌的生活断面，编导想到了使用道具牙膏，这是一件对陈凯歌具有特殊意义的物品，自然引发了他丰富的联想，他谈到了自己插队的经历，表达了自己的真情，从而自然进入了编导期待的话题。

**实训要求**

1. 组织学生根据校电视台的要求试做一档校内新闻栏目的策划方案。

2. 组织学生在教师的指导下参与一期校电视台文艺栏目从策划、录制到播出的全过程。

**作业**

1. 请谈谈你对电视栏目的认识。

2. 试说说电视栏目与电视节目的联系与区别。

**实践作业要求和实施步骤**

1. 组织学生观看中央电视台的某一品牌栏目,并可组织他们去当地电视台采访一位栏目编导,听一听他的创作体会;

2. 在有条件的院校,可在校电视台组织学生与电视台工作人员座谈如何办好校园电视栏目的问题。

**参考资料**

1. 郑保章.电视专题与电视栏目[M].北京:中国广播电视出版社,2007.

2. 《当代电视》等相关杂志里有关电视栏目的文章。

## 学习单元三

# 电视新闻节目的创意与编导

一、新闻与电视新闻的定义
二、电视新闻的内容、分类与特点
三、电视新闻的编辑与编排方法
四、几种常见的电视新闻类型及编导要求
五、电视新闻编导的素质要求
六、新闻节目的脚本写作

**学习目标**

- 在基本理论和实践操作层面上掌握电视新闻节目的策划、创意、写作过程的基本要求。
- 了解电视新闻节目制作过程对基本素质（含基本观念）、能力的要求。
- 学会电视新闻节目策划、创意、写作及制作的方法与步骤，以适应相关岗位的就职需要。

## 一、新闻与电视新闻的定义

在西方,新闻的定义是五花八门的,如:《纽约太阳报》编辑部主任约翰·博加特曾提出"狗咬人不是新闻,人咬狗才是新闻";德国柏林大学教授道比法特认为"新闻就是把最新的现实的现象在最短的时间内,连续介绍给最广泛的公众"。

新闻的定义可以简单地概括为:新闻是正在传播的新近事实的信息。

《中国应用电视学》一书给电视新闻下的定义是:"电视新闻是以现代电子技术为传播手段,以声音、画面为传播符号,对新近或正在发生的事实的报道。"由于现代科技的发展,电子技术的应用已经不仅限于电视技术,它已经发展到范围宽阔的多媒体世界,所以

图3-1 中央电视台《新闻联播》

我们需要对此定义加以修正:"电视新闻是以电视技术为传播手段,以声音、画面为基本传播符号,对正在发生或从前发生但对现在仍有影响的事实的报道。"图3-1为中央电视台影响力最大的《新闻联播》节目播报新闻的画面。

## 二、电视新闻的内容、分类与特点

电视新闻的内容包括重大国际事件报道,国内重大政治新闻,国内经济、文化、科研等方面的重大成就报道,社会中的焦点事件报道,与人民群众生活有密切关系的事件的报道等。

角度不同,电视新闻的分类也有所不同。

按体裁的不同,电视新闻可以分为:消息、连续报道、系列报道、新闻专题、新闻评论。

按题材的不同,电视新闻可以分为:时政新闻、经济新闻、文教新闻、社会新闻。

按地域的不同,电视新闻可以分为:国际新闻、国内新闻、地方新闻。

按性质的不同,电视新闻可以分为:预知新闻与突发新闻、独家新闻与共有新闻、硬新闻与软新闻。

按报道方式的不同,电视新闻可以分为:现场报道、画外音报道、口播新闻、纯画像报道(见图3-2、图3-3)。

图3-2　河南新闻节目画面(现场报道)

图3-3　美国深夜新闻节目(口播新闻)

电视新闻因其自身的属性,有着与报纸、广播新闻不一样的地方,它具有两大特点:

其一,简明扼要、不累赘。电视新闻一般只起提纲挈领的作用,让观众一眼就能明白大概意思。不同于报纸的是,电视新闻一般不做深度报道。美国哥伦比亚广播公司新闻主持人沃尔特·克朗凯特(Walter Cronkite)认为,电视新闻只能向观众提供新闻提要,应当告诉观众,欲知详情,请看今日报纸。

其二,采访制作时间紧迫,时效性强。电视新闻要在很短的时间内将发生的事情播报给观众,非常讲求时效性,没有时效性的新闻是缺乏足够的新闻价值的。这一特点决定了电视新闻没有足够的时间认真思考,报道的深度也就受到了限制。

### 三、电视新闻的编辑与编排方法

#### 1. 电视新闻的编辑

电视新闻节目的编辑要按一定的组接逻辑,把独立的画面编辑成完整的新闻节目单元。组接逻辑包括事物发展的客观规律和时间顺序。

按事物发展的客观规律:比如编辑一条关于会议的新闻片,我们就要根据会议的一般进程来组接镜头。

按事件发展的时间顺序:事件的发展都有先有后、有始有终。因此,电视新闻所要报道的新闻事件也应遵循一定的时间顺序。

2. 电视新闻的编排方法

编辑应首先从众多的新闻中挑选出具有吸引力、冲击力和后续效应的内容,然后再对其进行编排。电视新闻节目的编排方法有以下几种:

(1)常规编辑法

这是我国电视新闻节目惯常使用的一种方法,即先国内,后国外;先时政新闻,后经济、文教、体育以及社会软性新闻;先重要新闻,后次要新闻。

这种方法的最大特点是条块分明、包罗万象且简便易行,能够做到以不变应万变;缺点是这种编排比较枯燥,不够生动活泼。

(2)归类编辑法

归类编辑法指在一档新闻节目中,将内容、主题相同或相近的数条新闻归类编排,形成一个小的节目单元,借组合优势形成一种传播上的强势。

(3)对比编辑法

对比编辑法指把正面和反面的新闻编排在一起播出,通过新闻内容形成鲜明的对比,让观众自己识别真与假、善与恶、美与丑。

(4)统一编辑法

统一编辑法指在编排时保持一档新闻节目内容与风格的统一,使节目在整体上显得协调一致,从而使观众对节目形成鲜明的印象。

(5)混合编辑法

混合编辑法指把国内新闻与国外新闻、重要新闻与次要新闻、硬新闻与软新闻等合理搭配、交错编排,形成节目内在的形式与节奏,让观众从沉闷、呆板的氛围中解脱出来。

在实际的节目编排中,要做到四点,即多样化、灵活化、风格化、实用化。图3-4是在新闻编排中插入了现场采访,

图3-4 记者在现场采访

图3-5则在新闻编排中采用现场直播的方式,图3-6的《新闻联播》栏目引入了主持人和现场记者的连线,这都是灵活选择新闻样式的具体表现。

图3-5 江西电视台《新闻110·善行天下》直播现场

图3-6 中央电视台《新闻联播》主持人康辉与现场记者李武军在连线中

### 四、几种常见的电视新闻类型及编导要求

1. 深度报道类电视新闻节目

这是指那些注重新闻细节和背景挖掘，往往以专题形式播出的电视新闻节目，是源自报纸杂志等平面媒体的一种报道方法，可以做到有广度、有深度、有厚度、有力度。其主要特征及编导要求如下：

第一，一般只报道一个新闻事件或一个人物，节目长度一般为半小时左右，如中央电视台的《新闻调查》《新闻1+1》等。

第二，有自己明确的定位和鲜明的风格。如中央电视台的《新闻会客厅》的口号是"会见新闻当事人"，强调发掘当事人的内心感受，展示人物性格及经历，从而形成自己的风格。《新闻会客厅》以新闻人物为主要关注对象，邀请新闻热点人物来到节目现场，并与主持人就某一热点话题进行探讨，关注的是新闻事件中当事人和关联人的经历与感受，突出新闻中人性和新闻性的结合。在节目形态上，《新闻会客厅》以家庭式的客厅作为演播室的基本形态；在节目形式上，《新闻会客厅》以一位主持人加两位嘉宾为主体，在特殊情况下，也可以有一位主持人和一位嘉宾、一位主持人和多位嘉宾或者两位主持人和一位嘉宾的组合形式(见图3-7)。在如今这个信息

图3-7 《新闻会客厅》

爆炸的时代里,每天都会有数不清的新闻通过各种渠道涌到我们面前。电视、报纸、网络、广播,有价值的和无价值的,混杂在一起,"乱花渐欲迷人眼"。而中央电视台的《新闻周刊》则阶段性地对新闻进行筛选,对一周新闻进行回顾(见图3-8)。中央电视台的《世界周刊》是一档周播的以国际新闻为主要内容的杂志型深度报道栏目,时长为45分钟。《世界周刊》的栏目标识语是"全媒地带,信息就是选择"。在传媒繁荣的年代,信息泛滥,《世界周刊》的存在意义在于信息整合,打破不同媒体的间隔,开辟独具特色的全媒体地带,从海量的信息碎片中捕捉世界发展的轨迹,提炼出对中国观众最有价值的内容(见图3-9)。

图3-8 《新闻周刊》

第三,追求新闻的深度和揭示真相的力度,特别注意发现鲜为人知的细节、新闻人物的独特体验以及新闻背后的新闻。如中央电视台《新闻调查》的宗旨就是讲述新闻背后的新闻,探寻事实的真相。

第四,在时效上有独特性,记录和展示新闻工作者对事件的调查过程,展示他们通过各种手段进入事件本身、逐步获取真相的过程,其时态应从调查那一刻开始,没有过去时的概念。

图3-9 《世界周刊》

调查评论式节目是深度报道类电视新闻节目中比较重要的节目形态,名称上通常冠以"调查""访谈"或"透视"的字眼,其中包括电视新闻评论、电视新闻述评和电视新闻调查等几种节目形式,如中央电视台的《焦点访谈》(见图3-10)。该类节目通过对新闻事实的深入调查和采访,把新闻

图3-10 《焦点访谈》

事实完整而清晰地呈现给观众,由记者或节目主持人旗帜鲜明地表达对所报道的新闻事件的看法和观点。

这类节目的重点在于选题,要选出社会上的难点问题、热点问题、前沿问题、疑点问题作为节目的选题。当然这类节目也要顾及我们特殊的国情,要有利于国家和人民的安定团结,要控制好报道的"度"。

### 2. 谈话类电视新闻节目

谈话类电视新闻节目又名"脱口秀",是一种电视"舶来品",它的英文原名是"Talk Show"。我国电视谈话节目中最早,也最有代表性的节目是中央电视台的《实话实说》(见图3-11)。1995年下半年,中央电视台新闻评论部调集了包括杨东平、郑也夫、乔艳琳、关秀玲等人在内的台内外一批极富创造力的年轻人,用了将近半年的时间,策划出一档里外全新的节目《实话实说》。由于节目定位准确,名称别致,主持人风格独特,1996年3月16日首播的中国版"脱口秀"《实话实说》很快就声名鹊起。

图3-11 《实话实说》节目现场

谈话类电视新闻节目要牢牢地把握住"人"和"语言"这两大要素。"人"包括节目策划人、节目主持人、嘉宾以及现场的观众,而"语言"主要体现在主持人的语言沟通能力和对话题的把握能力上。在谈话类电视新闻节目中,主持人是核心,主持人对话题和现场的把握能力、与节目其他环节的沟通与配合能力等,与节目的成功与否息息相关。如图3-12,《法治现场》就是这类节目的一个典型,它要求主持人和嘉宾之间的对话要配合得当、把握得体。

图3-12 《法治现场》

### 3. 大型直播式电视新闻节目

大型直播式电视新闻节目的编导工作是一个庞大而复杂的系统工程,此类节目的直播活动需要调动大量的人力、物力,需要各种工作人员的密切配合,需要高端设备的技术保障。另外,直播过程充满着变数,需要编导人员的现场指挥、协调和高超的应变能力。

大型直播式电视新闻节目比较适合报道正在发生着的新闻事件,且该新闻事件有着动态的发展过程,而不是静态的。事件的发展最好具备完整的过程,包括开端、发展、高潮和结局,如不能摄制全过程,也应该采集到比较有代表性的新闻镜头。当然,大型直播式节目的新闻事件还应具备一定的现场规模,具有一定的典型性,应是广大人民群众关注的热点与焦点(见图3-13)。

 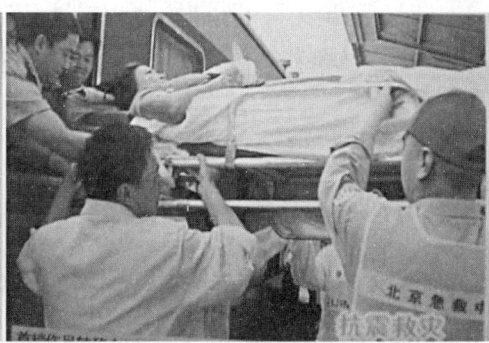

图3-13 《新闻特写》的抗震救灾报道

4. 早间时段电视新闻节目

这一直是我国电视新闻节目的一个弱项,而中央电视台的新闻节目《朝闻天下》(见图3-14)应该说有了一定的突破,取得了较好的收视效果。早间时段的电视新闻节目要做到信息量大、节目精短、节奏明快、声画兼顾。信息量大,是指这一时段的电视新闻节目要提供大量的信息,要有宽广的"面",而不必在"点"上追求深入,在这一时段,要闻汇总的节目比深度报道性的节目更受欢迎;节目精短,正好与人们早上急匆匆的、频率快的节奏相吻合,这一时段的节目应该精而短,深度报道性的节目与人们此时的心态不对应,很难想象将《社会记录》这样的节目放在早间播出会产生什么效果;节奏明快,指对应着人们早晨的心理节奏,让新的一天在节奏明快的电视新闻中开始,这不但可以让观众获得较多的信息,还可以让他们调节好心情;声画兼顾

图3-14 《朝闻天下》

图 3-15 《东方时空》

指早间的电视新闻节目要做到既可看又可听,早间人们忙于用餐、洗漱,很难将目光长久保持在电视荧屏上,这时候"听"就能让观众获得新闻信息。中央电视台的《东方时空》(见图3-15)就是早间时段电视新闻节目中做得比较成功的。

## 五、电视新闻编导的素质要求

1. 强烈的喉舌意识和社会责任感

电视新闻编导应有强烈的喉舌意识和社会责任感,要代表人民的心声,引导良好的舆论氛围。北海电视台新闻综合频道《"纠风·民生"直通车》于2013年上半年开播,栏目开播以来,由于关注民生,及时反映人民的心声而在当地观众中反响良好(见图3-16)。

图 3-16 北海电视台新闻综合频道《"纠风·民生"直通车》栏目直播现场

2. 敏锐的新闻意识

新闻编导要有敏锐的新闻意识,要能够抓住社会上的热点问题和焦点问题,能够及时捕捉具有新闻价值的事件。

3. 专业的表达能力

从新闻脚本的撰写到每一个镜头的拍摄,乃至后期每一个步骤的制作,编导都要做到指挥得当,能够以专业的新闻语言表达出新闻事件的过程与价值。

## 六、新闻节目的脚本写作

新闻节目的脚本写作要做到两点:其一,解说通俗易懂、口语化;其二,解说词与画面紧密配合。

## 案例:"百事可乐"元旦活动新闻报道脚本

| 镜号 | 景别 | 画面 | 现场音 | 音效 | 时长 |
|---|---|---|---|---|---|
| 1 | 近景 | 记者面对镜头(背后是幸福留言活动现场) | 记者:观众朋友们,这里是百事可乐幸福留言活动现场。欢迎收看本次活动现场跟踪报道。 | 喜庆的音乐 | 10秒 |
| 2 | 近景(摇镜头) | 现场热闹的场面(给几个特写展现消费者喜悦的表情) | 记者:这里聚集了很多消费者,他们都在争先恐后地写下自己对亲人的祝福,每个人脸上都洋溢着幸福的表情。 | | 15秒 |
| 3 | 特写 | 学生、青年人、老年人、小孩写祝福的场景不断切换 | 记者:这里有学生,有青年朋友,有老年人,有小孩,在新年来临之际,他们借此机会,把祝福写在拉罐上,希望亲人们百事可乐、幸福平安。 | | 20秒 |
| 4 | 近景 | 记者面对镜头 | 记者:百事可乐举办的这次大型幸福留言活动,无形中为消费者与亲人搭建了一个沟通的平台,为消费者带去了一份快乐、一份新年的祝福。 | | 25秒 |
| 5 | 近景 | 记者面对镜头,身边有2位幸运星(背后是评选活动现场) | 记者:观众朋友们,这里是百事可乐幸运星评选活动现场,现在已经评选出了10名幸运星,让我们来听听身边这两位幸运星的幸运感受。 | 喜庆的音乐 | 20秒 |
| 6 | 特写 | 幸运星一喜悦地面对镜头(露出记者的手和话筒) | 幸运星一:感谢百事可乐给我及家人带来的快乐、带来的祝福。 | | 15秒 |
| 7 | 特写 | 幸运星二高兴地面对镜头 | 幸运星二:希望明年还能参加百事可乐举办的幸福留言活动。 | | |
| 8 | | 画面平分为4半 | | | 10秒 |
| | | 左上半画面显示幸运星一回家之后,与家人拥抱、欢呼的场面 | | 欢呼声、庆祝声 | |
| | | 右上半画面显示钟表,时间为中午11:30 | | 钟表的滴答声 | |
| | | 左下半画面显示钟表,时间为中午12:00 | | 钟表的滴答声 | |
| | | 右下半画面显示幸运星二回家之后生活的场景:拥抱、庆祝等 | | 欢呼声、庆祝声 | |

续表

| 镜号 | 景别 | 画面 | 现场音 | 音效 | 时长 |
|---|---|---|---|---|---|
| 9 | 近景 | 右下半画面突然放大到整个屏幕,显示男女拥抱的场景,给女主人一个脸部特写(激动的表情) | 女主人:老公,谢谢你写给我的祝福,我真的很感动! | 歌曲《知心爱人》 | 10秒 |
| 10 | | 画面平分为4半 | | | 20秒 |
| | | 左上半画面显示钟表,时间为下午1:30 | | 钟表的滴答声 | |
| | | 右上半画面显示幸运星一工作的情景(表情喜悦) | | | |
| | | 左下半画面显示幸运星二的工作情景(表情高兴) | | | |
| | | 右下半画面显示钟表,时间为下午2:00 | | 钟表的滴答声 | |
| 11 | 特写 | 幸运星一面对镜头 | 幸运星一:成为幸运星之后 | 歌曲《好日子》 | 15秒 |
| | | 镜头切换到幸运星二 | 幸运星二:生活更加幸福 | | |
| | | 镜头切换到幸运星一 | 幸运星一:工作也有激情 | | |

**经典解读**

### 《帮帮珍姐》的解读与分析

广州电视台面对广大受众对杀人、跳楼等负面新闻越来越厌烦的现象,毅然提出"情义广州"的口号,要把广州最美好的一面呈现给广大观众,这就是《情义广州》新闻节目出现的背景。《帮帮珍姐》是《情义广州》新闻策划的第一个系列报道。新闻事件的主角叫珍姐,几年前因为收留并且接纳刑满释放人员(下称"更新人员"),她和她的"珍姐餐厅"曾经被媒体广泛报道。但几年后,她因照顾生病的丈夫,使餐厅疏于管理,餐厅在2005年5月4日,即她丈夫去世的那一天停业了。珍姐是一位曾经帮助过无数"更新人员"的典型人物,是一个曾经被全国视为典型的新闻人物,她的事迹充满了戏剧性。这应是《情义广州》的最好切入点。于是,从2005年6月6日至7月9日,由广州电视台新闻频道发起的震动全城的"情义广州·帮帮珍姐"活动展开了。频道利用媒体的力量在活动中发掘普通百姓的爱心故事,让人们在报道中重新发现城市中的情义,最终成功募集近500万元,促成了珍姐餐厅的重新开业。这一系列报道在社会上引起了巨大反响,正好顺应了中央提出的"和谐社会"的主题。其编导的成功做法主要有下列几点:

第一,举重若轻。"情义广州"这样一个大的主题只能从大的方面把握,从微观入手,通过具体事件的报道,才能使其深入人心。

第二,体现人文关怀。人文关怀应是新闻报道的内核而不是要素,如果编导在节目中缺乏人文关怀的细节表现,即使新闻五要素完整,报道也会缺乏个性,人文关怀是媒体通过编导向观众表现出的一种态度。

第三,挖掘新闻背后的新闻。编导不能只满足于表面现象,这难以给人留下深刻印象,比如这一事件如果只停留在最初珍姐餐厅停业的表面报道上,"情义广州"就会变成一个口号。这一节目的成功说明,"从新闻的记录者到新闻的发起者"也许将成为今后新闻编导的追求和新闻界的流行趋势。

**实训要求**

1. 到校外电视台观摩和学习,由电视台编导现场讲课。
2. 在校电视台实习电视新闻编导工作。

**作业**

1. 请简述电视新闻节目编导的基本素质要求和创作过程。
2. 在老师的指导下策划、拍摄一档校园电视新闻节目并在校电视台播出。
3. 选出给你印象深刻的一则新闻,评价该新闻,并由此谈谈你对新闻的认识。

**实践作业要求和实施步骤**

1. 发现、搜集新闻素材,通过采访获得相关素材;
2. 策划并写出这档新闻节目的脚本;
3. 拍摄及后期制作;
4. 在校电视台或联系校外电视台进行播出。

(工具:使用摄像机在演播室拍摄,须有摄像师及主持人,在实习编导的指导下展开实践。)

**习作点评**

## 浅谈电视新闻作品的故事化魅力

（学生习作）

曾经看过这样一则电视新闻节目,让我记忆非常深刻。新闻一开始画外音说:"您的母亲脱离危险了。"紧接着是一位中年男人的近景,膝盖微微弯曲慢慢地跪在地上,镜头拉近特写,是一张泪流满面却面带欣慰的脸庞。没有任何言语,只是一系列特写镜头,让我倍感好奇。是什么事情让一个这样的男人如此动情?故事慢慢被编导铺展开来。原来他们是来自湖北的一对母子,老母亲在一家基层医院就医,医院说她生命将不会长久了。当这位老母亲知道这件事情以后,就做了一个决定:捐献自己的眼角膜。因为眼角膜的捐献必须在12小时之内完成,为了母亲的遗愿,并不富裕的儿子买了飞机票一起和母亲来到深圳一家大医院。当他们说明来意后,医生并没有马上接受,而是给这个有爱心的母亲检查了身体。检查结果出来以后,所有人都惊呆了,原来是基层医院误诊,这个老妈妈得的根本不是什么不治之症,只是心脏方面有问题,可以手术治疗,这当然需要一笔钱。医院所有的人都被这名临死都要为这个世界奉献一份爱的老妈妈感动了,纷纷捐钱为老妈妈做了手术。手术室外,所有人都在焦急等待,儿子坐在那里一言不发。终于那盏红灯灭了,手术成功了!也就出现了开头的那一幕。看到这里的时候,我感动不已、泪流满面。编导在结束语时这样说:故事在阐述人类之爱的重要价值时,不仅说明了爱可以救人,同样,爱可以救自己。因为爱,这个世界才充满奇迹,这就是爱心,无论在哪里,好人都会有好报!整个新闻故事一波三折、感人泪下。

这则电视新闻充分体现了新闻故事化的魅力。为什么这样说呢?首先我们说说新闻故事化的由来。在我国,过去很长一段时间里,新闻报道如果和"故事"这两个字扯上关系,其真实性和客观性必定会受到质疑。"电视新闻故事化"在国外最早出现于美国CBS的《60分钟》栏目;而在我国,则是《东方时空》的子栏目"生活空间"(后更名"百姓故事")首先把"讲故事"的理念带入新闻报道,从而一改电视新闻在观众心目中单一、刻板的形象。近年来,"新闻故事化"成了编导在新闻报道中运用得越来越多的一种方式。在电视新闻界,以讲故事的形式表现新闻事件,已经成为电视新闻节目,尤其是深度报道节目制作的一个方向。纵观荧屏,近年来成为收视热点、业界焦点的新闻节目,无一不把"故事性"摆在重要位置。之后,用故事化的手法去表现新闻事件和新闻人物的理念在中国迅速普及。

新闻故事化就是电视编导在新闻作品中发掘新闻事实中的故事因素,以讲故事的形式表现新闻事件。这种报道方式用平凡的题材提炼深刻的主题,挖掘新闻事实中具有人情味的因素,情理交融,揭示人性的闪光点,激活人类的情感,增强新闻报道的趣味性与可视性,实现新闻传播的社会价值。如开头这则新闻,如果它只讲一名老人为捐献眼角膜而重获生命,肯定无法引起观众的兴趣。

小时候,不知道电视新闻是什么,只知道有个叫《新闻联播》的东西,每天吃晚饭时它总是在各大电视台准时出现,抢走了我最爱的卡通时间,简直令人讨厌。长大了,渐渐喜欢上看新闻了。半个小时到一个小时的节目,提供给我全国乃至全球的重大新闻和重要信息,那时我才真正明白新闻的含义,知道它的作用和重要性。但不是每个新闻我都感兴趣的。举个例子来说,忙了一天很累,回到家里,打开电视,想看看最新的报道,可是新闻节目紧张又紧凑的节奏让我感到很累,大脑得不到休息,丝毫没有轻松之感。而另一些时候,一条几秒钟的新闻总是让人感觉不过瘾。比如,一场自杀性爆炸事件的报道,新闻里几秒钟就过去了,可我总是想知道那些人为什么要那样做,难道他们不怕吗?事件发生后当地的政府是怎么解决问题的?那个地方的人们又有什么感受?他们怎么继续生活?等等。这些内容在基本的新闻报道里一般是不做介绍的。新闻报道里往往不加入个人情感和评论,这就好比一碗无味的粥,喝就喝了,一点感觉也没有。而故事化新闻更多地加入了人的情感因素,有的还有专家的点评,更加人性化,看的时候就好比在读一段有趣的故事。中国人注重情节,看故事使人舒服得多。于是,新闻故事化解决了我的所有疑惑,让我觉得原来新闻可以有如此魅力,可以拓展电视新闻报道的空间,也可以提高新闻的可信度、可感性和可看性。

新闻故事化为什么会有如此魅力呢?首先,新闻的故事化更加突出了新闻的真实性和客观性(基础是新闻),从而大大加强了新闻的可信度,而真实性和客观性的表现一定程度上则要依靠电视创作手法的纪实性——真实记录。在真实记录的过程中,我们必须认识到悬念和冲突是故事的基本构成要素。美国学者罗伯特·赫利尔德认为:一个好的完整的新闻故事应该类似于戏剧表演,"故事中要有明显的矛盾冲突,……强调冲突的紧要性""时刻保持故事的现场感和紧张感""提供给读者任何可能得到的细节"。重描述、冲突、情节是新闻故事这种信息表达方式的体现。用故事化手法写新闻,就是要强调对事件的过程的展现,强调对事件内含的悬念、冲突的表现。简单来说,以开头的案例为例,开场的几个特写镜头紧紧抓住了读者的眼球,制造了悬念,而母亲要捐献眼角膜与遥远的路途、昂贵的费用形成了冲突,却由于爱心得以解决身体问题。这样就增强了新闻的客观性和真实性,让读者在感动中领略其深邃的内涵。

其次,新闻故事化的魅力来自挖掘新闻事实中具有人性、人情色彩的因素,更加贴近老百姓的生活,展现人性的真善美,并把情感因素融入理性思索中。近年来媒体流行的"讲述老百姓自己的故事",就是捕捉普通人身上闪耀着的人性光辉和生命活力,以显示平淡中的伟大、琐碎中的崇高,展示一种人性的崇高美。如《保姆妈妈》这则电视新闻讲述了一个保姆照顾在意外中失去双亲的孩子18年,却一直没有结婚,并一直养育这个孩子到考上大学的故事。故事中用许多生动细节描绘了这个保姆一个人养活孩子的艰辛和她不懈的坚持。这种故事化的手法,使那些看似单调乏味的事例变成一个个充满人情味的感人故事,拉近了新闻报道与观众之间的距离,更有益于观众去直观地感受和体会。

最后,新闻故事化丰富了新闻报道的内涵,提高了新闻节目的艺术性。例如新闻故事化可以建立多维的、立体的故事叙事视角,可以用第一人称的叙事视角使观众有身临其境、耳闻目睹的感觉,增强故事的真实性和可信度,使观众在情感上自然而然地产生一种亲近感及对新闻事实报道的认同感;还可以用公众的叙事视角、第三人称的叙事视角,用拟人化的手法推出新闻事件。如曾经看到讲述两只小老虎的生长这样一则电视新闻,通过拟人化的方式,似乎由老虎自己在介绍它们的生活环境、它们的饲养员对它们好不好……很多言语被拟人化了以后竟然妙趣横生,富有戏剧性和幽默感,让人捧腹大笑并在笑中体会编导的良苦用心,从而增强了节目的可视性。

电视是一种艺术,电视新闻故事化更需要艺术的表达。这里所说的艺术,并不是文学上的虚构,而是指艺术化的表现手法。第一,新闻故事要重情节,情节的曲折性能增强新闻的吸引力。在日常生活中,人们都喜欢听故事,因为故事都有跌宕起伏的情节,对事物的来龙去脉交代得清清楚楚。发生在人们身边的新闻,大多也有情节,有的情节也比较曲折生动。如果借用故事这种形式来写新闻,其生动性和吸引力必定大大增强。如果不抓住故事情节来写,开篇提到的这则新闻也许挖掘不出如此重大的主题,也不能成为一则好新闻。故事有细节,细节的细腻性能增强新闻的感染力。第二,新闻故事为什么能打动人?最主要的是有细节,细节的细腻性具有很强的感染力。一些富有特征的细节往往给人留下深刻的印象,比如,人们一提起《县委书记的榜样——焦裕禄》,就想到他抵着藤椅止肝痛的细节。写新闻如果也能抓住细节,效果就大不一样了。第三,新闻故事要重视构思。精巧的构思常常引人入胜,增添故事的趣味性。同样,运用故事化手法写新闻,也可以用精巧的构思来吸引受众,增强新闻的趣味性。构思也是新闻编导不可忽视的一个环节,精巧的构思往往对作品或受众起到令人意想不到的效果。

电视新闻之所以出现故事化的倾向，原因主要有三个：一是观众的需要，二是市场竞争的结果，三是商业化运作发展的结果。电视新闻故事化至少起到了"三个增强"的收视效果：一是增强了亲近性，二是增强了可信度，三是增强了可视性。在我看来，新闻故事化实质上就是借用文学的技巧编新闻，使新闻报道呈现出勃勃生机。然而，新闻故事化手法在突出强调趣味性、人情化和矛盾冲突，注重新闻事件的画面、细节，重在技巧运用的同时，如果对新闻的时效性及新闻的来源重视不够，就会对新闻的真实性构成潜在的威胁。所以我们必须进一步提高新闻故事化的质量，也就是说，新闻故事化必须遵循这样几个原则：首先，"故事"必须真实客观，要讲真人真事。平时我们所讲的故事属文学范畴，故事情节允许虚构，允许艺术加工；而新闻故事化则只是采取故事化的手法写新闻，属新闻范畴，必须完全真实。因此，在运用故事化手法写新闻时必须遵循新闻真实性的原则，其中的人、事必须完全真实，只是在写作手法上借用讲故事的形式。因为新闻是面对大众的，任何一点虚假都会引起观众的警觉，所以在故事介入的方式上要充分遵循新闻报道客观真实的原则。其次，"故事"必须有代表性，即我们常常说的要有内涵和深度。新闻故事讲得成功与否，关键看故事选得有没有代表性，是否反映了新闻的主题思想，讲得是否有新意。特别是对人物的报道，应把人物的经历及与之相关的很多素材，用生动活泼、有代表性的故事讲出来。当然，很重要的一点就是新闻故事化必须防止低俗化。有时为了增强故事的吸引力，创作者会在情节上添油加醋玩噱头，但如果在写作新闻时也片面追求情节的生动性，以玩噱头来吸引受众，这就陷入了低俗化的泥潭，将直接影响舆论导向的正确性和媒体的公信度，应引起编导的高度警觉。最后，"故事"的介入必须讲技巧。讲技巧就是把真实典型的故事很巧妙地融入新闻中，但是故事的渲染必须要有度，不能滥用，要把真实的故事讲得更有情感，更容易让观众对新闻事实产生共鸣。

（作者：杨柳）

**点评**：该习作是学生写的一篇关于电视新闻编导理论方面的短文，它阐述了电视新闻编导工作中必须关注的一个重要倾向和特色，特别提出电视新闻作品必须重细节、重情感的平民化倾向，对于深度报道新闻节目中事实真相挖掘的深度和细节表现的力度结合案例做了较为翔实深入的诠释，不失为一篇较优秀的大专生电视新闻应用知识短论。

**参考资料：**

1. 吕正标,王嘉.电视新闻节目:理念、形态与实务[M].北京:中国广播电视出版社,2004.

2. 王阳.电视新闻节目中的创新思维[M].北京:中国广播电视出版社,2004.

3. 蔡帼芬,徐琴媛.国际新闻与跨文化传播[M].北京:北京广播学院出版社,2003.

4. 暨南大学新闻与传播学院开发的电视新闻节目系统学习网站。

## 学习单元四

# 电视综艺节目的创意与编导

一、电视综艺节目的类型及构成特点
二、电视综艺晚会的编导要求
三、电视综艺游戏节目的特性及编导要求

**学习目标**

- 电视综艺节目是以"娱乐大众"为目的,将游戏、智力、抢答、歌舞、观众表演、竞猜博彩等构成元素连接起来的综合性娱乐类节目。本单元旨在让学生基本理解这类节目的综合性特征及其编排上的特点。
- 使学生从实践中基本掌握综艺节目的策划与编导过程,并了解其总体编排上的基本要求。

## 一、电视综艺节目的类型及构成特点

电视综艺节目中的"综艺",即"综合游艺",它是集音乐、舞蹈、游戏、故事、笑话、问答以及观众表演于一体,组合自由灵活、节目形态多样的一类电视节目。电视综艺节目可以说是各类电视节目中综合性最强、观众最多、收视率最高的一种节目类型。

它的类型可以分为:一般电视综艺节目,如中央电视台播出的《挑战不可能》(见图4-1);电视综艺游戏节目,如浙江卫视的《奔跑吧,兄弟》(见图4-2);电视综艺晚会,如各大电视台每年一度的《春节联欢晚会》(见图4-3)。

图4-1　中央电视台《挑战不可能》

图4-2　浙江卫视《奔跑吧,兄弟》

图4-3　2018年中央电视台《春节联欢晚会》

但从电视综艺节目近些年的发展态势来看,一般综艺节目虽发轫于20世纪90年代初,却于2004年前后逐渐被20世纪90年代后期出现的新型的电视综艺节目即电视综艺游戏节目所替代,如著名的《综艺大观》节目的兴衰即是明显的例证。而当前流行的电视综艺节目主要为电视综艺游戏节目和电视综艺晚会这两大类型。

电视综艺游戏节目即以娱乐大众为主要目的,由主持人、明星、观众三方参与,并用以主持人为主的三方之间的语言交流为串联方式,将游戏、综艺、竞赛、博彩四大构成元素联结起来的综合性电视节目。

电视综艺晚会是20世纪80年代以来电视荧屏上出现的一种精神产品,作为独立的综合性艺术门类,它的历史不长,但它赖以构成的其他艺术形式,如电影、话剧、戏曲、歌舞等,却有着较为深厚的历史渊源和"文以载道"的历史传统。当这些艺术形式本身被电视综艺晚会借鉴、移植、吸收、融合以后,这种渊源和传统也必然同时被电视综艺晚会所吸纳和传承。如果我们将电视综艺晚会与其他单纯的艺术形式,如歌舞、戏曲、绘画、雕塑等相比的话,我们就会发现,它还因其自身思想和艺术上的特长,而将各项艺术使命完成得更加出色、更加完美。这一点从中央电视台连续三十多年举办的《春节联欢晚会》中可以找到有力的例证。

## 二、电视综艺晚会的编导要求

### 1. 统一的主题和基调

一台电视综艺晚会的主题最好是统一的,所有的节目都要围绕着特定的主题;与此同时,所有的节目也应该保持同样的基调,讲究主旋律,强调思想性。主题鲜明、文以载道、教化第一、艺术第二历来是我国综艺晚会的传统;而轻松一些、欢快一些,则是我们的追求。电视综艺晚会的传播取向主要有:党的文艺思想、导向意识的传播,先进的文化思想和艺术成果的传播,大众文化和新观念、新思维的传播,多种知识信息和审美取向的传播。

### 2. 流畅的结构

电视综艺晚会的节目安排要流畅,要对不同类型、不同内容的节目进行合理的组织。综艺晚会常常由歌、舞、乐、戏、杂技等节目元素和非节目元素(如人物推介、成果展示、信息发布等)综合串联组成。

综艺晚会节目的结构形式主要有:串联式多元综合结构,即主要由主持人串联组合;段落组合结构,如中央电视台2001年春节戏曲晚会《世纪春华》,就由"闹春宵""赏文章""会群英"等7个段落组成;篇章组合结构,如中央电视台《欢庆香港回归文艺晚会》由序曲、火篇、水篇、土篇、尾声5个篇章构成。

3. 要有一定的创新性

一台晚会中既要有群众喜闻乐见的老节目、明星面孔,又要有一些新节目、新面孔,新老节目的比例应符合"黄金分割"率,即大致上是66.6%的老节目配上33.3%的新节目。

4. 形式多样

电视综艺晚会节目在形式上可分为茶座式、多向传送式、场馆式等,强调与观众的互动性和观众的参与性。

5. 合适的主持人

主持人犹如调味品,内容犹如主料。主持人的素质高,可以给综艺晚会这道大餐增色不少。主持人要有平民意识、娱乐意识、商品观念,要有幽默感、快速反应能力和大局观,要让人感到轻松、自然、随和(见图4-4、图4-5)。

图4-4 湖南卫视主持人汪涵

图4-5 中央电视台主持人撒贝宁

6. 电视综艺晚会的场面调度

电视综艺晚会大多在演播厅举办,而且大多是现场表演的直播式节目,因而场面调度就显得尤为重要。因为受到舞台三面墙的限制,电视综艺晚会的场面调度主要是依靠摄像机的调度来实现的(见图4-6)。

图 4-6　中央电视台《网络春晚》晚会现场

摄像机的调度有下列表现形式：

◎ 通过多部固定机位进行拍摄：每一个机位以不同的景别和角度出现，导演通过切换台实现镜头的调度；

◎ 通过镜头的变焦进行拍摄：对镜头进行变焦处理，使拍摄主体在画面中的大小面积发生变化；

◎ 在演员不动的情况下，通过摄像机的移动，造成画面中人物的动感：由于晚会场地的限制，摄像机通常只能做沿舞台水平轴方向横移或类似横移的扇面移动；

◎ 通过吊臂实现摄像机在纵深空间里的立体拍摄。

## 三、电视综艺游戏节目的特性与编导要求

电视综艺游戏节目是通过电视这一特定的媒体传播的，由大众广泛参与的，以综合性与多样性、娱乐性与趣味性、观赏性与包装性、参与性与平民化为突出特点的电视节目。

1. 综合性与多样性

电视综艺游戏节目类型多样，有以观众观赏为主的综艺舞台表演型；有在与观众相互交流中形成娱乐氛围的益智型；有规则特定的、以竞技竞赛项目为核心的游戏型；有具有一定情境设计的、以纪实手段完成的真人秀型；有以满足观众的表演欲望为目

的,并为其提供舞台的表演秀型等多种节目样式。

电视综艺游戏节目还具有综合性,它包含了各类文艺的精华,又比一般综艺节目表现得更集中、更浓缩、更直接。它的游戏样式都是或多或少地综合了国内外各类游戏的精华后,加以改进、创新形成的。

2. 娱乐性与趣味性

电视综艺游戏节目的娱乐性与趣味性主要表现在三个方面:一是参与群体的新奇,新就是不断变换参与的观众,奇就在于邀请有特点、有个性、与众不同、卓然出众的人参与;二是内容具有知识性、趣味性,能开阔眼界,能陶冶性情;三是娱乐形式的新奇多变,节目时常变换娱乐的形式,以新颖奇特的形式吸引观众参加,以达到娱乐观众的目的。如浙江卫视的《奔跑吧,兄弟》等节目。

3. 观赏性与包装性

电视综艺游戏节目通过编导人员的艺术构思,运用各种先进的电视技术手段,凭借主持人的个人魅力和引导能力,将各种现有游戏节目资源进行全方位的包装,形成具有观赏性和现代审美感的节目。

4. 参与性与平民化

电视的传播共性决定了电视综艺游戏类节目的参与性与平民化。有些综艺游戏类节目让观众直接地参加到节目中来,形成屏幕内外情感交融的氛围。像《快乐大本营》《王牌对王牌》等节目收视率扶摇直上,不仅是因为节目好看、耐看,迎合了观众的收视心理,还因为屏幕内外观众的积极参与。当前的综艺游戏节目越来越趋向于平民化,观众不光在观赏,更多地在参与。一部热线电话把场内外联系在一起,使电视演播空间大大扩展。观众实际上融入了节目的全过程,每个人都是演员,这样的节目最大限度地发挥了电视的特点,使电视这个大众传播媒体在传播过程中更多地加入了人际传播的成分。

娱乐综艺节目在编导上的成功离不开大众文化和精英文化的有机融合及节目的不断推陈出新。

需要特别指出的是,对于娱乐类综艺节目而言,主持人的重要性是不言而喻的,《综艺大观》《实话实说》《非常 6+1》的成功和倪萍、崔永元、李咏的主持分不开,它们换人后的迅速衰落就是一个证明。

电视界已进入快餐时代,国内娱乐类综艺节目的生命周期一般是 2—3 年。综艺节目编导必须在个性化、深度化、创新性上狠下功夫才行。未来的娱乐类综艺节目将

图 4-7 《康熙来了》

汇集歌舞秀、脱口秀和生活秀等各种内容,主持人将更加生活化。综艺节目的娱乐大众化将是新一代综艺节目编导最终的追求。台湾的此类节目做得比较成功,比如大家熟知的《康熙来了》(见图 4-7);湖南卫视的《快乐大本营》也做得不错。总的来说,好的电视综艺游戏节目编导必须熟悉对电视多元要素的调度和利用,对镜头语言要有深刻的理解和运用能力,还应有广博的专业知识和对时尚、流行元素的敏感。

**经典解读**

湖南卫视的《快乐大本营》于 1997 年 11 月 13 日首次播出,1998 年 10 月荣获第十六届电视金鹰奖,主持人有何炅、谢娜等。

该综艺节目的成功秘诀有三:一是明星效应。《快乐大本营》大打明星牌,它的"全星空间"版块以介绍明星为主,每期节目都邀请观众喜爱的明星来到现场,在节目中与主持人、观众一起参与有趣的游戏,给观众带来快乐。同时,节目还向观众展示明星最自然的一面,披露明星的生活经历、趣闻和幕后拍摄花絮等,这就拉近了明星和观众的距离,使明星为更多的人所熟悉。明星的卖力表演提高了节目的收视率,而高收视率又使更多的明星愿意借这个平台来展示自己,这就形成了良性循环。二是与观众互动。该节目的一些版块非常注意与观众的互动,场外观众可以通过发短信和打热线电话参与节目,并可以得到丰厚的奖品,从而增强了节目的刺激性、互动性。有的版块还给观众一个展示自我的舞台,使普通人获得一种替代性的满足。三是准确的观众定位。该节目总的定位为快乐,并以青少年为主,尤以中小学生群体的集中度最高。节目热烈的现场气氛成功营造出电视与观众兴奋点一致的看点,其层出不穷的游戏样式更是充分代表了娱乐节目不断创新的趋势。

**实训要求**

1. 观摩与学习成功综艺节目的案例。
2. 每人策划一台综艺节目并写出实施方案。

**作业**

1. 到电视台观摩学习综艺节目的策划过程。
2. 在校内组织策划一台综艺节目并进行拍摄。

**实践作业要求和实施步骤**

1. 写好策划书；
2. 组织排练节目；
3. 进行拍摄。

（工具：使用摄像机、灯光音响设备等。）

**习作点评**

### 某院校"毕业生告别综艺晚会"编导文案

一、活动名称

似水流年——年华的追忆　未来的憧憬（毕业生晚会）

二、晚会意义

6月，我们××学院将送走又一届毕业生，进入社会工作或者继续深造。我校团委、学生会将举办毕业生告别晚会，以表达对毕业生的美好祝福和殷切期望，为他们提供一个展现个人魅力的舞台，共同勾画精彩的毕业诗章，给大学生涯画上一个圆满的句号。这台晚会的主题是"似水流年——年华的追忆 未来的憧憬"，记录学生青春的历程，年年岁岁花相似，岁岁年年人不同。这是一个个心情的延续，是一个又一个情感的升华，让我们在这里，看到一个真实的我，看到一个真实的你，看到一个真实的我们……让毕业生回顾这三年美好的大学生活。同时，促进新老生交流，老生通过轻松的交谈给新生提供学习、生活、工作的经验和忠告等，让在校的学生能够更加珍惜学习时光。

三、晚会性质

晚会以一种欢快和回忆的氛围贯穿始终。和谐，唯美。

四、晚会形式及内容

本次毕业生晚会的主要形式是文艺晚会。演出节目由本校学生报名参加，形式不限，主题鲜明，内容积极向上，尽量贴近大学生活主题。

## 五、晚会的结构

以各系为单位,参与晚会节目表演。表演顺序分为蚕、茧、蛹、蝶四个部分,实录大学四年的成长过程。

## 六、晚会时间和地点

时间:×月×日

地点:校礼堂

参加人员:全校师生

## 七、前期策划准备

1. 短片制作

短片摄制由记者团完成,可收集毕业生的一些资料进行编辑,另外采访一些表现比较活跃的毕业生。也可面向全体毕业生征集图片及视频资料,包括学习、生活、情感等各方面内容。记者团必须保证在晚会前两个星期把短片制作完成。请专业老师进行指导、修改。把短片质量做到最好。

2. 道具准备(根据各节目所需)

(1)以各节目内容的需要来准备道具或负责安排好各节目所准备的道具设备。安排好后勤人员负责台上的道具搬拿。

(2)晚会器材清点,购买所需消耗物品(电池等)。

(3)舞台布置,物品、工具购买和借用等。

3. 宣传工作

(1)利用海报、条幅、广播、大字幕等,做好宣传工作。

(2)节目单的设计与制作。

4. 主持人

各系推选一名主持人,主持晚会上本系节目段的内容。

5. 舞台灯光、音响的准备工作

6. 场地布置

## 八、幕后工作安排

由后勤工作人员对舞台进行整体布置,清理好会场并准备好晚会要用的各项器材。安排好会场的接待人员和领导、演员、观众席位置,演员统一安排在靠门口一排。

1. 舞台背景由策划部具体负责准备安排。

2. 台上灯光、音响由灯光音效组负责。

3. 礼仪小姐负责分发节目单及矿泉水(领导)。

4. 现场座位安排及引导各班就座由行政组负责。

5. 收还伴奏光碟由灯光音效组负责。

6. 由团委负责摄影与后期制作工作,将晚会成片刻录并上传至学校网站。

九、晚会流程

**环节一**

1. 主持人说开场词,内容围绕本系的师生、荣誉等。

2. 代表老师发言,内容为对学生未来的美好寄托等。

3. 颁奖。

4. 节目表演。

学生围绕"蚕茧蛹蝶"四个版块表演节目,寓示经历了成长的蜕变,我们将振翅飞翔,展开我们精彩人生的又一篇章。

六个系以以上四个版块表演各自的节目。

**环节二**

就要走了,就要离开这生活了三年的校园,离开还一直关心着的学弟学妹们,毕业生,你有话要说吗?我相信他们的答案是肯定的,那么我们就记录下他们内心想要说的话语以及对我们的祝福吧!先由毕业生自己上台表演,可讲述自己的情感、校园生活故事等,要真实,有意义。表演结束后,由工作人员把纸张分发给每个人,大家把心里想说的话写在纸上,并注上自己的名字,然后投入盒子里面。同时,高年级的同学也可以把心里话写给低年级的同学。大屏幕播放提前准备的视频短片。此时,收集所有的纸条。主持人挑选一些比较有意义的、有意思的纸条。视频结束后,主持人有选择地把纸条念出来。晚会后,可以将这些纸条编成一册由系或学校保存。

**环节三**

六位主持人共同上台,说结束语。

歌声响起,全场观众共同唱《我的未来不是梦》。

十、会后工作

晚会结束后,由后勤组负责安排人员打扫、清理会场。

**点评:**这是某院校团委、学生会负责策划的一场毕业生晚会的编导策划书,它较好地体现了电视综艺节目编导的一些基本要求,如节目要体现时效性、群体性、娱乐性等特色。策划书还十分注意综艺活动要主题鲜明、突出主旋律的要求,甚至对晚会的外包装,从主持人选择、灯光、布景到节目的多样性配制等,都做了具体安排。对晚会的拍摄也做了必要的安排,这就确保了节目整个编导过程的规范性、综艺活动的有序性和节目拍摄的质量。应该说,这是一个简要、规范而又有一定特色的综艺活动策划。

**参考资料**

1. 江潜.电视综艺节目现状及走向[J].视听纵横,1998(2).
2. 楚卫华.中国电视综艺节目研究述评[J].山东行政学院学报,2002(3).
3. 王志军.对电视综艺节目的几点思考[N].光明日报,2004-11-10.

## 学习单元五

# 电视文艺节目的创意与编导

一、电视文艺节目的分类
二、电视文艺编导的素质要求
三、电视文艺节目的创作要求
四、电视文艺节目的编导艺术

**学习目标**
- 了解电视文艺节目的基本知识并通晓其创意和编导的基本要领。
- 通过课内外实训活动,从实践中基本掌握电视文艺节目的编导技能。

## 一、电视文艺节目的分类

电视文艺节目是根据传统文艺形式拍摄制作成的电视小品、电视诗歌、电视散文、电视报告文学等的总称。

1. 电视小品

小品与电视的结合称为电视小品。它通过人物和事件来反映现实生活,要求具有动作性和强烈的冲突,一般多为喜剧小品,以讽刺性、幽默性、娱乐性见长,能给人们带来笑声,因而深受广大观众的青睐。电视小品声画效果俱佳,这使得其受众更为广泛,反响更加强烈。赵本山、沈腾、贾玲等是颇受观众喜爱的小品演员(见图5-1、图5-2)。

图5-1 喜剧小品演员赵本山

图5-2 喜剧小品演员沈腾

2. 电视诗歌、电视散文

电视诗歌、电视散文是影像文化对文学的"入侵"。1998年,中央电视台推出的首届《全国电视诗歌散文展播》在全国形成了广泛的影响。1999年中央电视台创办了《电视诗歌散文》栏目,随后,许多地方电视台在精品化后也开设了类似的栏目。一时间,在娱乐、服务、财经等为主导的屏幕上撑起了一片"诗意的空间"。

电视诗歌、电视散文就是文学样式的电视化,即以电视屏幕表现具有抒情写意意境的诗歌散文的电视文学样式。电视诗歌、电视散文可以分为两类:一类是诗歌、散文的电视化表现,即把文学形式的格调、品性和意境用电视特有的艺术手段表现出来,如前文提到的中央电视台《电视诗歌散文》栏目播出的"名家名作""中外抒情诗歌""中国古诗词欣赏"系列等;一类是电视表现内容采用散文或诗的方式表现出来,形式灵活,讲究意境,画面动人,如《皖风·皖韵》系列、《诗意的新疆》系列等。

电视诗歌、电视散文调动了多种艺术手法,在字幕、解说、画面、声效、配乐、节奏等方面下大功夫,营造出丰富的意蕴。《电视诗歌散文》栏目(见图5-3)以"诗意的空间,心灵的家园"为主题语,该栏目编导高洁在《编导手记》中说:"希望能通过它为那些愿意静下心来倾听的人们展示被洗净的天空、被过滤的大地、碧绿的植物和芳香四溢的花、生动的风、具有灵性的雨以及生活的本质和生命的感悟。希望通过电视散文,能使我们的脑海清澈、心绪平和。"

图5-3 中央电视台《电视诗歌散文》栏目

### 3.电视报告文学

电视报告文学是在电视屏幕上运用文学的艺术手段处理新闻题材的一种文学样式,它集电视、新闻与文学的特色于一身,即运用声画手段体现当代人物和事件,强调题材的真实性、现实性和时政性,并突出其文学艺术的视觉感染力(见图5-4)。

图5-4 电视报告文学《炮击金门》

## 二、电视文艺编导的素质要求

随着我国电视事业的快速发展,对电视人才的需求与日俱增。从现阶段来看,电视文艺工作者尤其是电视文艺编导的来源多元化,但无论其经历如何,以下基本素质要求是必须具备的。

### 1. 政治素质

电视文艺编导和其他创作人员一样,从事的是精神产品的生产工作。精神产品具有很强的社会性,因而电视文艺编导在这方面需要有更高的自我要求和自觉性。作为一名电视文艺专题的编导,从事艺术生产,实质上就是从事社会主义精神文明建设,因而必须具备良好的政治素质,坚持马克思主义的世界观和方法论。

### 2. 艺术素质

作为一名电视文艺编导,必须具备一定的艺术素养,要爱艺术、懂艺术,具有较高的艺术欣赏和审美能力。

由于电视文艺节目内容指向的特殊性,艺术素质对于电视文艺节目的编导来说有着特殊的意义,这也是电视文艺编导有别于其他专题节目编导的特殊要求。电视文艺编导工作在很大程度上是一种建立于艺术欣赏和审美活动基础之上的审美创造,艺术欣赏和审美判断是密不可分的。

艺术素养和审美能力是一个十分复杂微妙的问题,但从根本上说,艺术素养是长期艺术欣赏活动的结果,审美能力是长期审美实践的产物。

### 3. 文化素质

电视文艺编导的文化素质,不仅指作为一名电视文艺编导应具备哪些知识,还包括这些知识的特点、比例、结构及其整合效应。这是电视文艺创作主体研究中的一个重要课题。对于电视文艺编导而言,知识结构的要求也有其特殊性,必须着力加强以下几个方面的知识学习:

首先是文学艺术基础知识,这部分知识主要由以下三方面内容组成:

(1)文学名著知识。通过阅读古今中外的文学名著,观赏各种艺术门类的艺术精品,提高自身的文学艺术素养和审美鉴赏能力。

（2）文学艺术史知识。通过对文学艺术史的学习，了解文学艺术的一般发展规律，以便在面对各种艺术现象时能有合乎规律的认识和观察。

（3）文艺理论知识。文艺理论知识是对文艺创作和评论的经验总结，是对各种文艺现象的科学概括。一名优秀的电视文艺编导要对纳入作品的文艺作品、文艺现象等作出判断和处置，不能单靠艺术直觉，还要运用理性思考，这就要借助文艺理论所提供的系统知识、范畴、概念、思维模式、方法和特定语言。

其次是社会生活知识。作为一名电视文艺编导，对当代社会生活的现状，尤其是文化艺术领域的生活与现象、流向与发展趋势、表面现象与深层运动，都需要有深入的理解。

4. 心理素质

任何一种职业都要依靠人来从事，所以职业心理素质的研究日益为人们所重视。人的心理活动离不开知觉、观察、记忆、想象、思维、情感、意志等心理过程。关于职业心理素质问题的研究，主要探究在某种职业中这些心理过程分别具有什么特征，需要强化哪些心理过程。对于电视文艺编导而言，要时刻保持自信状态，克服临场紧张的心理压力，能镇定自如地处理好各种现场突发状况。

5. 专业素质

电视是一门视听艺术，声画并存，其构成要素的多元化决定了创作思维的立体化。诸如景别、光线、色彩、运动、特技、声音、字幕等要素，都有可能同时共存于一个电视画框之内，对于电视文艺编导而言，在专业素质上，也就要求全方位掌握电视视听语言。

### 三、电视文艺节目的创作要求

电视文艺节目以电视为传播介质，采用小说、诗歌、散文、报告文学、小品等不同的文艺表现形式来塑造屏幕形象，以达到刻画人物、表现生活、阐述哲理的目的。它的基本创作要求主要有：

1. 文艺性

电视文艺节目首先要求创作者的思维方式是文艺性的，即通过感性艺术的思维方式去感受生活、提炼生活和反映生活，通过典型化的人物和真实生动的细节来塑造形象，表达出真挚的情感和思想的哲理。电视的记录和传播方式又要求创作者把艺术表现对象转化为直观真实的客观物像，要给观众留下意味深长的审美空间。中央电视台播出的电视散文《徽州往事》就是这样一部电视文艺作品（见图5-5）。散文中这样动情地叙说：

图5-5 《徽州往事》

> 徽州的许多女人就是这样度过了她们的青春，甚至一生。一方面，她们的故事，作为道德典范，通过数不清的祠、堂，或牌坊，通过种种立传、方志，以及戏剧等，广为流传，家喻户晓；另一方面，宗法族规，如刀高悬，对于那些叛逆者，极尽"戮辱"，毫不留情。生活在这种环境下的女人，她们的人性被扼杀了，身心几乎麻木。岩溪最后一次建坊旌表的62个女人中，她们都和五嫂嫂一样，"丹心铁石，白首冰霜"，或守寡尽孝，或节身持家。更有甚者，"绝粒而亡"，以身殉夫。而五嫂嫂只是她们中的一员。

《徽州往事》特约了作家季宇先生为节目量身定做了一篇文章。而电视语言则在徽州女人的人物造型和场景设置如牌坊群、雨中江城、黛色山峦以及氛围的渲染、音乐的情绪上下功夫。从作品文本的构思到电视镜头语言的结构和音乐效果的设计，前前后后大约花了两年时间，作品极具视觉冲击力。

2. 视听性

视听结合、声画并茂是电视文艺节目特有的长处。电视文艺节目的创作不仅可以利用生动直观的画面、富有感染力的解说词、抒情的音乐、逼真的音响等元素综合强化艺术感染力，还可以通过演员的表演再现故事情景，运用电视特技手法穿越时空，增强作品的时代感和观赏性。音乐是时间的艺术，绘画是空间的艺术，在电视文艺节目中，这两种艺术相互融合、相得益彰。这一特性在电视小品和电视报告文学节目的创作中往往表现得比较突出。电视粤曲小品《新春送大礼》（见图5-6）在这方面的创作比较成功，是第八

图5-6 电视粤曲小品《新春送大礼》

届中央电视台电视小品大赛的获奖节目。

3. 意境美

意境是一种空灵、深远的境界,当意境表现为人物形象的塑造和审美场景的营造时,应该是一种神韵的传达和描绘。文学创作中常用比喻、象征、夸张、拟人等修辞手法创造出一种意境,以激发读者的联想。电视文艺节目可以用主观化的镜头语言、人物画面的虚幻感和模糊感、刻意凸显的细节和动作、人物独白或旁白式的解说词以及适当的音乐和音响效果,适度削减电视画面的现实感和直白感,从而使画面产生一种空灵的意境美。这一特点在电视文学类节目创作中更常见到。这一特点可结合后面"经典解读"部分——古代名人系列《沈园的故事》的解析加以理解。

4. 雅俗共赏

电视是大众传媒,电视文艺节目只有做到雅俗共赏,才能提高收视率。随着观众精神文化需求和艺术鉴赏水平的不断提高,由高雅文艺拍摄成的电视文艺节目的收视率也会不断上升,但作为电视文艺节目的创作者,心中必须时时装着观众,把创作贴近时代、贴近生活、贴近观众欣赏趣味的电视文艺节目作为自己的艺术追求。

### 四、电视文艺节目的编导艺术

电视文艺节目的艺术追求是讲究生活化、诗意化、抒情化和文学性,它在创新性与形象性上要求比较高,在后期制作上要力求精心,做出特色,做出审美意味。

电视散文既要求具备散文的基本审美特性如形散神不散、有意境,又要做到语言美和画面美的结合,使人获得视觉和听觉的双重享受。电视散文的画面不侧重于叙事,而侧重于表意、抒情,营造氛围,有虚有实,又常常以虚为主。音乐对于电视散文也很重要。当然对于电视散文的编导来说,设计和安排好画面是最重要的工作,从构思这一环节开始贯穿始终。

电视诗歌则要求诗意美和意境美的结合,要有韵味。诗歌朗诵的情感冲击力强,画面要有抒情美和音乐性。

电视报告文学是新闻、艺术、文学的综合。它以画面为基础,按照报告文学的要求,把画面、解说、音乐、音响有机地结合起来,将实现生活中具有典型意义的真人真事和人物的内心世界,真切感人地呈现在观众面前,它使观众既能从中得到某些思想上的启迪,又能获得一定的艺术享受。因而,电视报告文学以其鲜明的艺术特征,显示出独特的艺术生命力。

至于电视小品,它的构成要素主要是主题、规定情境、事件的连锁以及故事和人物形象的相对完整。而这种人物形象应该是集中、精巧、浓缩和富有形象感的。电视小品创作先要创作好小品脚本,再组织演职人员进行排练,拍摄前编导要写作分镜头脚本,然后进入摄影棚进行摄制,最后进行后期制作,剪辑成声画俱佳的电视小品。

**经典解读**

前文提及的中央电视台《电视诗歌散文》节目,为我们营造了一份诗意的空间、一个心灵的家园。

比如古代名人系列《沈园的故事》(见图 5-7;作者:夏雨清,浙江卫视制作)中的散文朗诵词是这样的:

一处宋朝的园林,能够一代代传下来,到今天依然有名的,也许只有绍兴的沈园了。沈园的出名却是由一曲爱情悲剧引起的,诗人陆游和表妹唐琬在园壁上题写的两阕《钗头凤》是其中的热点。

陆游也许是宋朝最好的一个诗人,但肯定不是一个值得唐琬为他而死的人。

表妹唐琬是在一个秋天忧郁而逝的,临终前,她还在念着表哥那阕被后人传唱的《钗头凤》。自从这个春天和陆游在沈园不期而遇后,病榻之上的唐琬就在低吟这阕伤感的宋词。

图 5-7 《沈园的故事》

一枝梅花落在了诗人的眼里,这是南宋的春天,年迈的陆游再次踏进了沈园。在斑驳的园壁前,诗人看到了自己48年前题写的旧词:红酥手,黄縢酒,满城春色宫墙柳。东风恶,欢情薄,一怀愁绪,几年离索。错,错,错。春如旧,人空瘦,泪痕红浥鲛绡透。桃花落,闲池阁。山盟虽在,锦书难托。莫,莫,莫!

唐琬在临终的日子里,一遍遍回想自己和表哥那段幸福的岁月。陆游20岁时,娶表妹唐琬,两人诗书唱和,绣花扑蝶,就像旧小说中才子佳人的典型故事。

可惜这样的日子太短了,唐琬只记得有一天,婆婆对她说,他们两个太相爱了,这会荒废儿子的学业,妨碍功名的。唐琬至死都没有想通,相爱也会是一种罪名。不过她更没想通的是,那个据说在大风雨之夜出生在淮河一条船上,后来又横戈跃马抗击金兵的表哥,竟然违不了父母之命,在一纸休书上签下了羞答答的大名。

陆游48年后重游沈园,发现了园壁间一阕褪了色的旧词,也是《钗头凤》,这是唐琬的词迹:世情薄,人情恶,雨送黄昏花易落。晓风干,泪痕残,欲笺心事,独语斜阑。难,难,难。人成各,今非昨,病魂常似秋千索。角声寒,夜阑珊,怕人寻问,咽泪装欢。瞒,瞒,瞒!

南宋的春天,一枝梅花落在了诗人的眼里,隔着梅花,陆游没能握住风中的一双红酥手。

图5-8 电视散文《黄山春雪随想》

《沈园的故事》将对宋代诗人陆游与唐琬爱情悲剧的描述,与沈园所包容的悠远历史牵扯在一起,令人唏嘘感叹。画面视觉效果展示的是花红柳绿,小船穿梭于碧波之上的美景,使观众在欣赏佳句的同时加深了对陆游与唐琬那段凄美爱情故事的理解。

又如在《皖风·皖韵》系列电视散文《黄山春雪随想》(见图5-8)一期中,节目通过优美的画面,把春雪后的黄山美景展现得淋漓尽致,这种把散文用电视化的手法表现出来的形式做到了"优势互补":文章写得美,摄影画面美,音响效果美。

### 实训要求

1. 学习和观摩一档成功的电视文艺节目案例。
2. 在老师指导下编导、制作一档电视文艺节目。

**作业**

1. 策划并创作一个电视文艺节目脚本。

2. 在老师指导下模拟拍摄电视文艺节目,并实习编导工作。

**实践作业要求和实施步骤**

1. 原创脚本;

2. 写出编导分镜头脚本;

3. 指导拍摄电视文艺节目(可在摄影棚或演艺厅内进行)。

(工具:摄像机、灯光设备、音响设备等。)

**习作点评**

<h2 style="text-align:center">黄山挑夫</h2>

(作者:张玉庭)

黄山归来,总也难忘黄山的挑夫,总也难忘那挑着太阳上山的黄山人。

听朋友说,到了黄山,首先要去看日出。日出是黄山最神圣的,你能通过日出得到黄山的真谛。带着这份真谛,你再去看山看景,那份感受就会领悟到灵魂里,领悟到骨子里。于是,按照朋友的指点,我首先来到北海的清凉台,听说这是黄山观日出的绝佳去处。

……

其实,在黄山,比太阳起得更早的,是挑夫。与其说太阳是升起来的,还不如说是黄山挑夫挑起来的,在黄山,我有幸认识了一位每天都挑着太阳上山的老挑夫。老挑夫不善辞令,表情凝重,满脸深深的皱纹能使人想起历史的沧桑。特别在他那宽宽的肩膀后部、脊背正中,居然有一个肉包,显然,这是长年累月当挑夫压的!

是的,老挑夫老了,但只要一提起自己的行当,一提起挑着担子上山,老人脸上就写满了灿烂,荡漾着自信的笑容。这自信的笑容使我想起了永远巍峨着的黄山和永远挺拔着的黄山松!

是的,这些长在山巅、长在绝壁、长在石缝、长在悬崖的松树,尽管经历千年磨砺,饱经风雪,但无一不是虎虎生气、飒飒英姿的。黄山松绝美,而且是一种使人感到惊心动魄的生命之美。试想:在高山之巅,在云岚深处,在电闪雷鸣的轰击下,在暴虐山风的欺凌中,那壮美的黄山松何曾屈服过!

下午,按照老人的引荐,我们又认识了他的儿子。这是个中年汉子,也是挑夫!看看这汉子厚厚的脊梁吧!那么结实,那么沉稳!看到他不禁使人想起黄山的奇石。黄山的奇石也像黄山松一样出色,在黄山,无石不成景,无景不成石。

老人的儿子告诉我,他最喜欢的黄山奇石就是"仙人晒靴"。为什么晒靴?想必是仙人登山累了,脱下靴子歇脚。黄山的挑夫也要歇脚,而且他们歇脚的样子极为独特。把手中的木杖往扁担上一支,身子往扁担外一抽,不蹲不坐,稳稳地,站着歇脚,像黄山的飞来石。

造物主的神奇,也许就在于此,在造就黄山石的同时也造就了黄山的人,让石有人的灵性,人有石的风骨。

……

**点评**:该学生作业即电视散文《黄山挑夫》虽浅显,却也人景合一,意境幽深,不亚于一般电视台播放的电视散文作品。作为大专学生的习作,已属不易。总体来看,该作业有以下几个特点:

(1)散文文本较好地配合了画面呈现,人物的刻画也比较注意文学语言的运用,做到了形散而神不散。

(2)镜头比较注意画面的美感和地方特色的呈现,旁白也运用了富有文学美感的语言,是一部比较规范的电视散文习作。

**参考资料**

1. 吴保和.电视文艺节目策划与创作[M].北京:中国戏剧出版社,2003.
2. 宋家玲,张宗伟.电视片写作[M].北京:中国广播电视出版社,2003.

## 学习单元六

# 电视专题片的创意与编导

一、电视专题片的类型
二、专题片与纪录片的关系
三、电视专题片的编导要求及编导策划程序
四、电视专题片编导的谋篇布局
五、电视专题片的解说词写作

**学习目标**

- 了解电视专题片的创意与编导的一般知识和要领。
- 掌握电视专题片的编导和谋篇布局的技能、要求。

## 一、电视专题片的类型

电视专题片一般可分为纪实型电视专题片、表现型电视专题片和电视新闻专题片。从题材分类则可以分为人文类题材、社会类题材和自然环境类题材(见图6-1、6-2、6-3)。

图6-1 《文化中国》(人文类题材)

图6-2 《人与社会》(社会类题材)

图6-3 《走进铜城》(自然环境类题材)

## 二、专题片与纪录片的关系

对于专题片与纪录片这两个概念的异同争论已久。归纳起来,大概有以下三种看法:

"等同说":认为专题片与纪录片是一回事,只是称谓不同而已。

"独立说":认为专题片和纪录片是不同的节目类型,而真实性都是它们的生命。但是,专题片允许主观表现;纪录片则讲求客观,排斥主观表现。

"从属说":认为纪录片是专题片的一种常见形式。

笔者比较认同第三种说法,即"从属说",纪实性电视专题片与纪录片的范畴非常相似。

观众爱看电视,主要目的有三:了解国内外大事,消遣和娱乐,增长知识。如今,人文纪录片开始兴盛起来,这类纪录片正是对应了观众增长知识的需要。人文纪录片是一种文化品位相对较高的节目形式,它以精致、简洁的镜头语言表达出厚重的历史文化内涵,是传播者对历史进行解读后通过电视元素呈现出来的影像作品。这就要求创作者本身具有极高的文化素养,在创作中有精品意识,能深入浅出地表现节目的人文价值和人文理念。《故宫》(见图6-4)、《新丝绸之路》(见图6-5)、《大国崛起》(见图6-6)、《爱新觉罗·溥仪》(见图6-7)等都是近年来涌现出的非常优秀的人文纪录片。

图6-4 《故宫》

图6-5 《新丝绸之路》

图6-6 《大国崛起》

图6-7 《爱新觉罗·溥仪》

## 三、电视专题片的编导要求及编导策划程序

电视专题片的编导要根据不同类型专题片的叙事特征及其不同的叙事手段来表现不同的题材,还要注意专题片的策划创新和后期制作的全过程,对于其结构及节奏等问题也要进行艺术的把握。

电视专题片的编导在制作专题片的过程中要注意突出专题片的真实性、艺术性、选择性、启发性等特征,还应注意纪实性采访、人格化处理、片子结构与节奏的合理性和科学性构思等要求,同时,编导在制作时还要特别注意同期声的运用。

电视专题片的编导策划程序大致有八项:选题调查(含搜集信息、背景调查、市场预期、成本核算),目标观众定位(指节目的受众指向),主题定位(节目的主体内容和策划的指导思想),风格定位(节目的表现方式、节目个性),宣传定位,拍摄方案和播出工作计划,后期制作方案的制定,播后收视率的调查。

## 四、电视专题片编导的谋篇布局

谋篇布局是电视编导的重要职责。当然,真实是电视专题片的生命,很多人非常重视专题片的真实原则,一提到谋篇布局,就觉得真实感打了折扣。其实,谋篇布局与专题片的真实原则并不相背。"专题片"不是简单的现实生活的"再现",而是一种影视艺术形式。艺术作品是源于生活又高于生活的,也就是说,创作者在进行艺术创作时,要取材于现实生活,但又不能拘泥于实际生活,要把生活素材进行创造性的艺术加工,使艺术作品更有典型性,能更传神地反映生活。在专题片创作中,如果在前期只是一味地进行跟踪拍摄,在后期又只是把素材堆砌起来,这仅仅是对生活的简单再现,没经过创作者"去粗取精、去伪存真"的艺术提炼,这片子就难以成为优秀的专题片。相反,如果在前期就有意识地考虑到片子的架构,在后期精心安排布局,通过对情节的编排来突出重点、深化主题,片子就更能从本质上反映真实生活。对专题片来说,好的结构可以为整个故事锦上添花,故事是片子的内容,是片子的"神",而结构是片子的外在形式,两者缺一不可。当专题片的故事本身很感人、情节很丰富且能拍到大量可供选择的素材,这就给片子奠定了良好的基础,相当于成功了一半。但如何整理这些素材、组成一个好故事,然后用画面语言表达出来,是这个片子成形前最重要的步骤。好的结构与精彩的故事相得益彰,才能使片子成为形神兼备的作品。

1. 豹头(好的开头)

对专题片来说,好的开头能增加观众的兴趣,可称为"豹头"。Discovery探索频道亚洲电视网制作与节目研发副总裁魏克然·钱纳(Vikram Channa)先生认为,好的专题片应该把片子最吸引人的东西放在最开始的一分钟。因为看专题片跟看电影不同,电影观众因为买了票,会耐心地坐在影院里坚持把片子看完,但在家看专题片的人,如果觉得开头不行,就会马上按下手中的遥控器换频道。所以,在探索频道播出的专题片,开头往往引人入胜,或惊险或刺激,不是富有视觉冲击力的,就是带有悬疑色彩的,他们不会把精彩的东西保留到最后才"抖包袱"。虽非所有的专题片都遵守"把最好的东西放在最前面"这一规则,但好的专题片往往都有一个出色的开头。以"2006中国(广州)国际纪录片大会"中获得评审团奖的纪录片《房子》(见图6-8)为例,影片以废墟中主人公阿亮夫妻俩的一场激烈争吵为开头,先声夺人,用激化的矛盾冲突来吸引观众,这场争吵以男主人公愤怒地砸碎一个罐子而结束,接下来,夫妻各自无奈地坐在废墟的一角。夫妻间的争吵本来是人们最不愿让别人知道的事,但影片一开始,阿亮夫妻俩的矛盾就尖锐地暴露在观众面前,从而引起观众的兴趣,引发了观众的共鸣。观众一开始就看到主人公最脆弱的一面,自然会关心主人公的命运——他们为什

图6-8 《房子》

么吵成这样？他们遭遇了怎样的不幸？他们怎么做才能摆脱困境？

2. 猪肚（丰富充实的情节安排）

专题片的情节叙事部分要丰富充实，一般称为"猪肚"，专题片不像电影，不一定有离奇曲折的情节，很多优秀的专题片都讲究平淡中见真情，但这个平淡不是平淡无味，而是指影片的风格朴实无华而又独具韵味。"文似看山不喜平"，专题片的情节虽然不可能像电影一样有起有伏，有令人紧张得捏一把汗的高潮和让人放松透气的低谷，但是，专题片也同样是叙事，要想把这个故事较好地呈现在观众面前、得到观众的认可，创作者必须精心地安排影片的情节结构。广西电视台专题片《龙脊》采用了双重结构，表面上看讲述了在希望工程的帮助下，偏僻乡村里的孩子们重新拿起书本的故事，但故事又不止于此，还描述了村民插秧，为秧苗放水、灌溉，一直到稻子成熟的劳动情景。这样，在完整的表面结构下还隐藏了一个具有隐喻意义的深层结构，所有劳作的画面都代表了乡村人民世世代代的顽强生命力，赋予了影片更深刻的主题和更隽永的意境。广州电视台获奖纪录片《阿八姑》的结构也比较有特色，片子以正在进行的大型龙舟赛事为主要情节，画面为彩色；在中间又不断穿插过去发生的故事，如女子龙舟队组队、训练，主人公家中建筑新房等情节，画面为单色，巧妙地区分了过去和现在。正在进行的赛事是紧张激烈甚至发展成有尖锐的矛盾冲突的，而过去的事情则平缓地交代了背景和环境，也加深了观众对主人公坚韧、勤劳、乐观、不屈等性格的印象。这样一动一静、一张一弛的结构布局让人耳目一新。

3. 凤尾（简洁而有意味的结尾）

专题片的结尾需要给人留下经久难忘的鲜明印象和无穷的余味，可比作"凤尾"。获奖纪录片《俺爹俺娘》（见图6-9）以摄影记者焦波几十年来为住在农村的父母拍摄照片来展开故事，影片表现出父母子女之间的深厚情感，催人泪下。当主人公的父亲过世后，母亲一个人孤独地生活着。影片以对主人公的一段采访作为结尾，他回忆，小时候叫爹娘时，山崖就会发出回声，接着出现主人公在山崖上的两声大喊："娘！爹！"余音袅袅，配上两个寂寥空旷的空镜头收尾，传达出一种"子欲养而亲不在"的悲剧，使观

图6-9 《俺爹俺娘》

众们的心灵都随着那两声大喊而震颤。中国传统文学讲究"言有尽而意无穷",绘画也讲究"画外之意",专题片的结尾也应让人觉得余味无穷。如果影片的开头和中间部分都很好,结尾却草草收场,就会让人觉得"头重脚轻",破坏了片子的整体感。

总体来看,电视专题片的结构不拘一格,千变万化,但在很大程度上都由创作者为片子拟定的主题来决定,由创作者在现场能拍到的和能组织到的素材来决定。

4. 基础(做好前期拍摄)

做一部片子就好像建造一栋建筑物,好建筑的基础是高质量的砖瓦栋梁,好片子的基础是前期拍摄的内容,只有拍到更多真实感人的、丰富的影像,才能为下一步的艺术创作提供更多自由发挥的空间。如果前期拍摄的素材数量和质量都达不到要求,再高明的导演和剪辑师也难以剪出好看的片子。

以《大国崛起》(见图6-10)为例,这部片子拍摄了各个国家的历史与现今的很多镜头,最后才得以组接成一部精彩的片子。

图6-10 《大国崛起》

5. 素材选择

对素材的选择和取舍是谋篇布局的重要一环。国内外很多优秀的专题片作者都会在选取素材上花费大量的时间。专题片往往跟踪拍摄的时间比较长,短则数月,长则数年,这期间常常能拍摄几十个甚至数百个小时的素材,这就需要对素材进行大规模的筛选。对于拍回来的大量素材,拍摄者因为自身有深切感受,很容易当局者迷,往往觉得这也有价值,那也有价值。这种情况下尤其需要大刀阔斧地进行取舍,选取对表现主题有价值的材料,只有对素材非常熟悉,才能为每一个场景找到恰当的素材,不会浪费每一段好材料。百集城市文化微纪录片《上海100》(见图6-11)通过微型影像制作,以多维又独特的视角展现出上海的城市特质、精神风貌,诠释了工匠精神。片子选材丰富:老房子与新地标,老题材与新视角,以此聚焦当代中国城市发展背后的进取精神及其传承之路。由于制作规模庞大、创作者众多,不同编导风格不同,使得每集选取的人物、

图6-11 《上海100》

角度多样化。主创透露,拍摄过程中最苦恼的就是选题选材,创作之初,节目组曾向全社会征集选题,寻找市民眼中真正的上海。

6. 细节决定成败

拍专题片的人常说:"专题片没有情节,只有细节。"可见,细节对于专题片的影响是决定性的。而对于同样的细节,不同创作者因为创作理念和风格不同,也会有不同的安排方法。作为创作者,应该慎重考虑怎样才能让一个个看似不经意的小细节发挥最大的效用。

对专题片的谋篇布局,不同的创作者有自己不同的方式,一部专题片,是采取单线或者多线结构还是采取板块式的结构,是采取正叙式、倒叙式还是插叙式的叙述方式,都是创作者根据专题片的内容来进行安排的,带有鲜明的个人创作风格色彩。

## 五、电视专题片的解说词写作

解说词是电视专题片的重要组成部分。电视专题片的解说词写作是很能见功力的,它对于提高电视专题片的思想性和艺术性起着重要的作用。

电视专题片的解说词在专题片中所占的比重是比较大的,一般采用散文式的写法,在与电视画面的配合中,呈现出一种节奏,起到说明、补充、提升的作用。写好解说词,除了文笔以外,还需要具备一定的知识。需要什么样的知识,由电视专题片的内容而定。与历史有关的,需要具备丰富的历史知识;与时政有关的,需要对当今的大事、政局有一个清晰的了解。《舌尖上的中国》是中央电视台纪录频道推出的第一部高端美食类系列纪录片,全方位展示博大精深的中华美食文化,向观众展示中国的日常饮食流变、千差万别的

图6-12 《舌尖上的中国》

饮食习惯和独特的味觉审美,以及上升到生存智慧层面的东方生活价值观,让观众从饮食文化的侧面认识和了解中国传统文化和变化中的中国。该片解说词的撰写工作是由多人共同完成的,并且花费了相当长的时间,足见写好电视专题片的解说词并不是一件容易的事。下面以《舌尖上的中国》第一集《自然的馈赠》的解说词片段为例进行分析。

中国拥有众多的人口,也拥有世界上最丰富多元的自然景观,高原、山林、湖泊、海岸线。这种地理和气候的跨度有助于物种的形成和保存。任何一个国家都没有这样多潜在的食物原材料。人们采集、捡拾、挖掘、捕捞,为的是得到这份自然的馈赠。穿越四季,我们即将看到美味背后人和自然的故事。

云南香格里拉,被雪山环抱的原始森林,雨季里空气阴凉。在松树和栎树自然混交林中,想尽可能地跟上单珍卓玛的脚步,不是一件容易的事情。卓玛和妈妈正在寻找一种精灵般的食物。卓玛在松针下找到的是松茸——一种珍贵的食用菌。这种菌子只能在没有污染的高海拔山地中才能存活。松茸属于野生菌中的贵族,在大城市的餐厅里,一份炭烤松茸价格能达到1 600元。松茸的香味浓烈袭人,稍经炙烤,就会被热力逼出一种矿物质的醇香,这令远离自然的人将此物视若珍宝。

吉迪村是香格里拉松茸产地的中心。凌晨3点,这里已经变成一个空村。所有有能力上山的人,都已经出门去寻找那种神奇的菌子。穿过村庄,母女俩要步行走进20公里之外的原始森林。即使对于熟悉森林的村民,捡拾松茸也是一项凭运气的劳动。品质高的松茸都隐藏在土层之下。妈妈找寻着两天前亲手掩藏过的菌坑,沙壤土层中果然又长出了新的松茸,可惜今年雨水不足,松茸太小。

酥油煎松茸,在松茸产地更常见。用黑陶土锅溶化酥油,放上切好的松茸生片。油温使松茸表面的水分迅速消失,香气毕现。高端的食材往往只需要采用最朴素的烹饪方式。以前藏族人都不爱吃松茸,嫌它的味儿怪,原来的松茸也就几毛钱一斤。可是这几年,松茸身价飞升,一个夏天上万元的收入使牧民在雨季里变得异常辛苦。

这段解说词通俗隽永,与精美的画面完美结合,画面与解说词相得益彰、互为补充。以小见大,《舌尖上的中国》整套纪录片的解说词都是这样既言简意明,又充满哲理,富有寓意,诠释了编导想要表达的主题。

**经典解读**

中央电视台科教频道(CCTV-10)成立以来,推出了不少很有分量的电视专栏,比如《走近科学》《探索·发现》《人物》《百家讲坛》《大家》等,这些栏目下的电视专题片在观众中有不小的反响。

1.《探索·发现》

《探索·发现》(见图6-13)的目标很明确,就是要拍观众喜欢的纪录片。所谓娱乐纪录片,《探索·发现》的解释是知识娱乐化,即把历史地理、自然科学等内容用讲故事的解说方式呈现给观众,利用所有可能的电视手段进行表现。比如用搬演的手法完成历史的重现,加之相关人物的访谈、动画特技、表现手法,看起来甚至比故事片更加充分,更加"无边界"。

图6-13 《探索·发现》

《探索·发现》在本土优势的基础上,对本土文化进行了充分的采撷。该栏目下的几个大型电视专题片如《极地跨越》(见图6-14)、《世界遗产之中国档案》、《考古中国》(见图6-15)、《故宫》、《1405——郑和下西洋》(见图6-16)、《爱新觉罗·溥仪》等,都令人耳目一新。

图6-14 《极地跨越》　　图6-15 《考古中国》　　图6-16 《1405——郑和下西洋》

2.《人物》

《人物》(见图6-17)栏目有一条宗旨:探求科学知识,传播文化观念,共享生命阅历,自由交流体验。栏目里有天才们奇特的灵光闪现,思想者深邃的心境物语,发现者执着的迷离幻梦,先行者坚韧的身形步履,让观众们去接近、去触摸这一个个性格迥异又极具魅力的中外人物,进入他们的生命旅程、思想轨道与情感世界,感受和领悟他们的存在对时代生活及文化变迁所带来的影响。栏目利用人物口述、丰富的影像资料和适度的细节再现等多种表现手法,形成了生动、平实、不矫饰、有深度的栏目格调。自栏目成立以来,播出了不少出色的专题片,如《流年碎影》《一百年的歌声》《传承·大师》等。

图6-17 《人物》

### 3.《百家讲坛》

《百家讲坛》栏目坚持"让专家、学者为百姓服务"的宗旨,在专家、学者和百姓之间架起了一座桥梁——"一座让专家通向老百姓的桥梁",从而达到了普及优秀中国传统文化的目的。由厦门大学教授易中天主讲的《易中天品三国》的播出,在全国掀起了一阵民间"三国"热。著名作家刘心武讲《红楼梦》,使《红楼梦》这一古典名著更加广为人知(见图6-18)。而北京师范大学著名女教授于丹讲《论语》,则更把儒家优秀文化精华传播到千家万户(见图6-19)。

图6-18 《百家讲坛》刘心武讲《红楼梦》

图6-19 《百家讲坛》于丹讲《论语》

### 4.《大家》

《大家》(见图6-20)栏目以传承人文精神为宗旨,在介绍大师们的学术贡献及成长过程的同时,着力铺叙他们所亲历的时代风云,借助他们的慧眼看世界、看历史。节目中间穿插有大量珍贵的历史资料和鲜为人知的故事,力图在真实的时代背景下,展现当代知识巨子们独特的生命历程与探索精神。以一个个典范式的例证,反省个人与时代、科学与人文的重大主题，并在大师们不经意的讲述中领略人生的真谛，收获文明的礼物。

另外，广东电视台电视纪实政论片《春风绿南粤》也是不可多得的优秀专题片，下文以该片为例作详细解析。

《春风绿南粤》是中国改革开放20周年之际，由中共广东省委宣传部和广东电视台联合摄制的一部9集的大型

图6-20 《大家》

电视政论纪实片。该片全面反映了改革开放20年来广东全省人民在党中央的正确领导下，同心同德、开拓进取所取得的伟大成就。这些成就表明，在改革开放实践中，广东人民每前进一步，都离不开邓小平理论的指导；今后广东要在各方面的工作中"增创新优势，更上一层楼"，仍然要以邓小平理论为指导开拓前进。

该片于中国改革开放20周年之际在广东卫视推出后，取得同时期广东卫视节目收视率总评榜第六名和专题类第一名的佳绩。这首先因为它视野宽广，以广东实践为着陆点，在20世纪以来的社会主义理论与实践的时空里上下求索。正是因为有对"社会主义"从理论到中国特色再到广东实践的不懈追寻，有跃出广东看广东、深入广东看广东的辛勤努力，该片才能拥有广阔的时空，才得以建立起一个可信的权威的视点，也才能够博得普通观众最实在的评价："有看头。"

在艺术创作上，摄制组为了获得独家的有价值的画面和有代表性的声音，不惜"踏破铁鞋"，因此，其许多音像资料都是首次在电视上亮相；团队还把"死"的资料精心安排和放置在恰当的语境里，使其获得生命力并释放"光热"。

同时，该片所做的用平实的、流畅的电视语言"讲述'时代'大故事"和注重刻画人的思想解放、心路历程和轨迹的种种努力，创造了一种能够被广大观众所接受的文体和文风，因而提高了传播实效。

最后，为了加强政论片的形象性，努力去除其难以避免的枯燥感，该片设置了一些恰当的意象性事物。比如该片中最常用的意象——珠江，就被编导得心应手地运用其中，使其成了片中的一个艺术亮点。在第一集《力挽狂澜》里，珠江是这样的：

"浩浩珠江奔流不息。它的源头只是云贵高原崇山峻岭中的涓涓细流……

几百年来社会主义思想学说和运动发展的历史，也如同这滔滔江河，虽然千回百转，坎坷曲折，还是滚滚向前，不可阻挡。"

而到了最后一集《再创辉煌》中,同样是这条珠江,被赋予的内涵更深重了:"珠江的每一个旋涡、每一朵浪花都可以证明,没有邓小平理论的指导,就没有20年来广东的辉煌……我们相信历史,历史也将见证广东!"

该片的实践表明,只要电视纪实政论片的编导都能像《春风绿南粤》的编导那样,让纪实政论片回归电视传播特性的本位,在不断揭示、发现和展示思想内核的过程中,注意以艺术的方式倾注感情,亦即加重其审美功能,加强艺术上的感染力,那么,电视纪实政论专题片的前途就将真的如有些研究者所断言的那样,是"无可限量"的。

**实训要求**

1. 通过观摩实践、案例学习及实际练习策划来掌握策划要领。
2. 通过实践即编导专题片来理解和掌握编导艺术。

**作业**

1. 说说电视专题片有哪些类型,电视专题片的策划及其编导需注意哪些问题。
2. 在老师的指导下拍摄一部电视专题片。

**实践作业要求和实施步骤**

1. 写出专题片的策划方案;
2. 写出专题片的脚本;
3. 组织实施拍摄。

(工具:摄像机、反光片、必要的灯光设备等。)

**习作点评**

1. 某院校节目制作系学生作品:电视专题片《端午》(见图6-21)文学本和分镜头本(节选)

◎ 文学本(节选)

(1)工地上　白天　外景

十几个民工端着饭盆子蹲在地上吃饭。

一个脸白白的小民工吃得特别斯文。

老李:唏!你小子吃饭怎么像个大姑娘,今年多大了,叫什么名字?

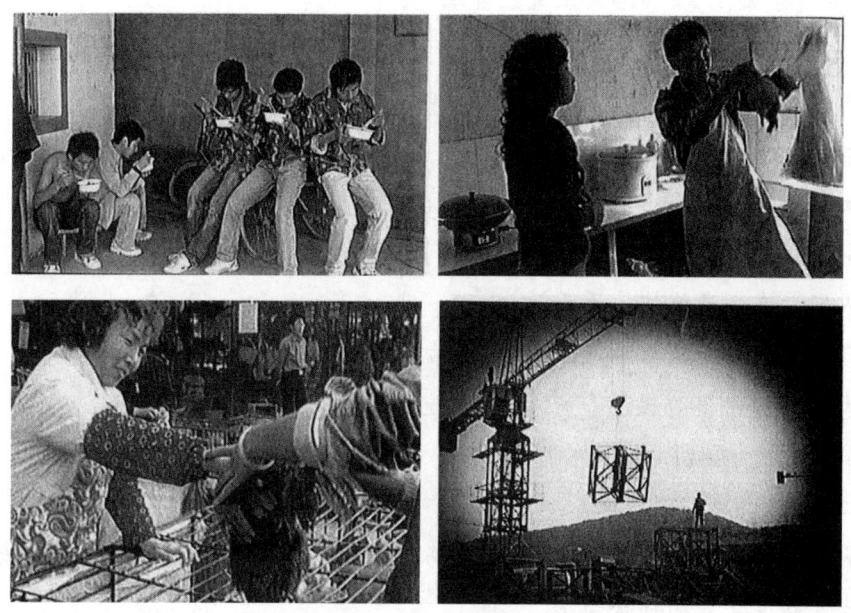

图 6-21 《端午》

徐浩:(赶紧停下吃饭)我叫徐浩,今年19岁了。

刘大勇:他是我带来的,老李,这么热的天你就赶紧吃你的,吃完找个地方打个盹,少拿他开涮!

老李:呸! 天天都是韭菜炒绿豆芽! 张大厨子,我说,明天能不能换个菜?

张大厨子在一边刷着锅。

张大厨子:行啊! 黄豆芽炒百叶。

老李:唏! 那还不一样嘛?!

张大厨子:有得吃已经不错了,一天就只有一百块,要管你们一天三顿,除了黄豆芽、绿豆芽、豆腐、百叶,还有什么是一年到头不变价格的? 花菜两块钱一斤,包菜两块钱一斤,怎么买?

老李正想开口,工地上的大喇叭响了起来,里面响起了去年很流行的那首歌《月亮之上》。

工友们跟着兴奋起来,还有人跟着唱了起来。

民工们在水池边洗盆子,音乐一下子停了。

刘大勇:怎么回事,也不放完一首歌!

喇叭里有人干咳了两声:"请各位注意,有好消息要宣布! 明天就是端午节了,老板说了,要犒劳大伙,明天给大家做红烧鸡吃!"

民工们都开心地敲着盆子。

老李:这才是嘛!张大厨子,听见了没?

徐浩:刘大哥,明天是端午节了吗?

刘大勇:你管那干吗?反正也不会歇工,嘿嘿,有鸡吃也不错!

(2) 工地上　傍晚　外景

工人们站在高高的墙头干着活。

十几只鸡用带子系着拴在工棚旁边,咕咕咕地叫着。

张大厨子:(走过去撒了一把米)今天吃饱一点,千万别瘦下去。

(3) 工地上　早晨　外景

一口大锅,烧着一锅开水。

张大厨子穿着一件白褂子,拎着一只鸡往水里烫了两分钟便把鸡拎出来拔毛。

他坐在板凳上费力地拔着毛。

旁边的鸡咕咕地叫着。

拔好了毛的鸡在阳光下显得金灿灿的,细细地看,身上还有一层白白的绒毛。(特写)

(4) 工地上　中午　外景

民工们端着饭盆围在一起吃饭。

老李:(用筷子敲了敲徐浩的饭盆)浩子,少吃点,晚上多吃点红烧鸡。

刘大勇:别听他的,饿了就多吃点!我说,那你可以不吃了,晚上你吃个够!

这时,传来汽车喇叭的声音。

不远处,来了一辆黑色的小汽车。黑色小汽车停下,司机走下车来。张大厨子上去迎接。

(5) 工棚里　中午　内景

司机张着黑色的塑料袋,张大厨子在一堆白花花的鸡中挑着,他挑出比较肥嫩的鸡往黑色塑料袋里装。

司机:老板一共买了多少只鸡?

张大厨子:15只。

司机:老板为了拿5只鸡,特意让我大老远地跑一趟。

张大厨子:老板要吃?

司机:哪里!老板娘的嫂子快生了,听说这儿刚买了一批活鸡,让我来拿。

张大厨子:好,5只,满了,我挑的可是里面最好的了,你看,(拎起其中一只)连细毛都拔得干干净净!

司机:嗯,是不错!

张大厨子:在王老板面前可要美言几句,这个工地一结束,下个工地我还想接着干。

司机:放心,只要你干得好,不怕没活干!走了!

张大厨子:好,好,好,有你这句话我就放心了。

司机出门,张大厨子跟在身后。

……

(6)工地上　下午　外景

民工们在干活。

小民工徐浩跑到张大厨子的水桶边喝了一大勺冷水。

张大厨子正用大菜刀在剁鸡,鸡腿、鸡翅膀、鸡头很快便分离开来。

张大厨子:臭小子,用矿泉水瓶装满了带上去喝,省得一会儿跑一趟。

徐浩:你有瓶子吗?

张大厨子:有啊,一会儿我还要上小店给你买去呢!还不快去干活!

徐浩笑着跑走了。

前面传来汽车声。不远处来了一辆白色的面包车,面包车上下来一个胖胖的中年男人。

张大厨子:辛师傅,这么热的天你还敢来啊?

辛师傅:我不敢来难道你送过来?快点,快点,那边正等着你的晚饭菜呢!

张大厨子:明白!我上午就接到老板电话了,(试探地)这是给管材料的老板送去的吧?

辛师傅:知道了就别问了!赶紧的,送完我就下班了,这么热的天给我吃山珍海味我也吃不下去,还不如回家吃碗泡饭!

张大厨子:别急,我来挑些好的,送给老板的可不能马虎。

辛师傅:你都剁碎了?

张大厨子:剁碎了不更好?

张大厨子把鸡腿、鸡翅膀装进一个黑色的大塑料袋。

辛师傅:张胖子,干得怎么样?这"双包"可比拿死工资强吧?

张大厨子:什么双包单包的,一个月就那么点钱,要管这些工人一天三顿的饭,现

在菜价上涨,不好办呀!

辛师傅:那好,赶明儿,我跟老板说说,跟以前一样每个月只给你固定工资,省得你难办!

张大厨子:别,别……

辛师傅:哈,哈,哈,你个张胖子,露出狐狸尾巴了吧!

张大厨子:你老哥总是拿我张胖子寻开心。(把黑色塑料袋递给辛师傅)给,在老板面前可不许说我张胖子坏话!

辛师傅:有数,有数!走了啊!

张大厨子:您走好!

……

(7)工地上　晚上　外景

工人们都端着饭盆蹲在地上津津有味地吃着。

老李:这鸡真是香啊,不过还是没我婆娘做的好吃!

刘大勇:想老婆了吧?

老李:有什么好想的,反正一年回去一次,现在刚到大热天,到冬天才能回去。

刘大勇:实在憋不住了可以多回去两次。

老李:车费你出啊?吃你的饭吧!

小民工徐浩排在打饭队伍的最后一个,他羡慕地看着那些正在吃的工友。

徐浩终于打到了饭,他端着饭盆喜滋滋地朝刘大勇那边走去。

徐浩蹲下吃饭,刘大勇站起身来。

刘大勇:我再去打些饭,浇点鸡汤。

徐浩:(用筷子翻来翻去,自言自语)排到最后一个,只剩下鸡头鸡屁股了,真倒霉!

他跟工友们一样大口地吃着饭。

突然间,他停了下来,从嘴里抽出一个东西来,原来是一根鸡毛。

工地上的大喇叭响了:"今天,张大厨子的鸡烧得很好吃,大伙多吃点饭了吗?一会儿,吃完饭,休息一下,我们要加两个小时的班,只要大家团结努力,好好干,我们的工资会越来越高,我们的伙食水准也会越来越高!"

大喇叭里又响起了那首《月亮之上》。

◎ 分镜头本(节选)

(1)工地上　白天　外景(徐浩在老李和刘大勇的中间,他们蹲在厨房的旁边)

镜头1 全景　民工蹲在工地上吃饭(排队打饭)。

镜头2 特写　民工碗里的饭特别多。

镜头3 特写　一个小民工吃得特别斯文。

镜头4 近景　老李对小民工说(敲着饭盆,嘴里还含着饭):唏,你小子吃饭怎么像个大姑娘,今年多大了,叫什么名字?

镜头5 特写　徐浩把嘴里的饭咽下。

镜头6 特写　徐浩:我叫徐浩,今年19岁了。

镜头7 全景　刘大勇(拍拍徐浩的头):他是我带来的,老李,这么热的天你就赶紧吃你的,吃完找个地方打个盹,少废话。

镜头8 特写　老李对张大厨子说:呸!天天都是韭菜炒绿豆芽!(可以拿家乡话讲)张大厨子,我说,明天能不能换个菜?(近大远小,张大厨子从老李旁走过)

镜头9 正打反打,先拍全景再拍近景　张大厨子(转过身)回答:行啊!黄豆芽炒百叶。

老李:唏!那还不一样嘛?!

张大厨子:有得吃已经很不错了,一天就只有一百块,要管你们一天三顿饭,除了黄豆芽、绿豆芽、豆腐、百叶,还有什么是一年到头不变价格的?花菜两块钱一斤,包菜两块钱一斤,怎么买?

镜头10 特写　老李正要开口(身后响起《月亮之上》)。

镜头11 全景　许多人跟着唱,还有人敲盆子。

民工们在水池边洗盆子(音乐停了)。

镜头12 近景　刘大勇:怎么回事?也不放完一首歌!

镜头13 特写　喇叭内响起人声:请各位注意,有好消息要宣布!明天就是端午节了,老板说了,要犒劳大家,明天给大家做红烧鸡吃。

镜头14 近景　民工站着听喇叭。

镜头15 特写　民工高兴的表情,敲打饭盆。

镜头16 近景　老李,徐浩,刘大勇三人在那儿敲打盆子。

镜头17 全景　老李:这才是嘛,张大厨子听见了没?(脸面对张大厨子)

镜头18 近景　徐浩转头问刘大勇:明天是端午节了吗?

镜头19 特写　刘大勇拍了一下徐浩的头。

镜头20 近景  刘大勇:你管那干吗?反正也不会歇工,嘿嘿,有鸡吃也不错。

镜头21 全景  三人分散走开了。

(2) 工地上  傍晚  外景

镜头1 全景  工人在墙头干活。

镜头2 全景  张大厨子由远处走过来。

镜头3 特写  张大厨子手上拿着一个装着米的碗。

镜头4 特写  抓一把米撒下。

镜头5 全景  鸡抢着吃米。

镜头6 中景  张大厨子对鸡说:今天吃饱点,千万别瘦下去。

(3) 工地上  早晨  外景

镜头1 全景  雾蒙蒙的景象,工人们走出工棚。

镜头2 近景  张大厨子把一只拔完毛的鸡放在一旁(背影)。

镜头3 特写  锅子烧着开水,锅里都是鸡毛。

镜头4 全景  张大厨子抓起一只鸡。

镜头5 近景  张大厨子把鸡放在水里烫一下(鸡叫声)。

镜头6 特写  张大厨子拔鸡毛。

镜头7 特写  张大厨子拔鸡时脸上的表情。

镜头8 特写  杀好的鸡身上还有一层毛。

(4) 工地上  中午  外景

镜头1 全景  民工端着饭盆围在一起吃饭。

镜头2 特写  徐浩大口大口地吃着饭。

镜头3 中景  老李敲了敲徐浩的饭盆。

镜头4 近景  徐浩抬起头看向老李。老李:浩子,少吃点,晚上多吃点红烧鸡。

镜头5 全景  徐浩转头望向刘大勇,询问他的意见。

镜头6 近景  刘大勇:别听他的,饿了就多吃点。

镜头7 全景  刘大勇对老李说:我说,你可以不吃了,晚上你吃个够。(后面响起汽车喇叭的声音)

镜头8 特写  民工的眼睛望着声音的来源处。

镜头9 摇镜头(跟随着民工的眼神)一辆小汽车停在那儿。

镜头10 近景  车上下来一个人。

镜头11 全景  张大厨子迎上去,握手,两人(出镜头)走向厨房。

(5) 工棚里　中午　内景

镜头1 全景　张大厨子和司机在那儿挑鸡。

镜头2 特写　把肥的鸡和瘦的鸡分开放。

镜头3 中景　司机拿出塑料袋,张大厨子把挑好的鸡放进塑料袋。

镜头4 特写　放鸡动作的特写。

镜头5 全景　司机:老板一共买了多少只鸡(动作还在继续)?

张大厨子:15只。

司机:老板为了拿这5只鸡,特地让我大老远地跑了一趟。

镜头6 近景　张大厨子:老板要吃?

镜头7 近景　司机凑到张大厨子耳边说:哪里,老板娘的嫂子快生了,听说这儿刚买了一批活鸡,让我来拿。

镜头8 全景　张大厨子:好,5只,满了,我挑的可是里面最好的了,你看。

镜头9 跟　张大厨子拎出一只鸡给司机看(举高)。

镜头10 近景　张大厨子接着说:连细毛都拔得干干净净的。

镜头11 近景　司机边点头边说:嗯,是不错。

镜头12 近景　张大厨子:在王老板面前可要美言几句,这个工地一结束,下个工地我还想接着干。

镜头13 全景　司机:放心,只要你干得好,不怕没活干。

张大厨子说:好,好,好,有你这句话我就放心了。

镜头14 移 由近到远　张大厨子送司机走。

……

(6) 工地上　下午　外景

镜头1 小全　民工在干活。

镜头2 中景　张大厨子在厨房忙碌(背影)。

镜头3 移　由远到近　徐浩跑进厨房。

镜头4 中景　徐浩弯腰喝水。

镜头5 近景　张大厨子剁鸡(从徐浩角度看)。

镜头6 特写　张大厨子转头对徐浩说:臭小子,用矿泉水瓶装满了带上去喝,省得一会儿跑一趟。

镜头7 特写　徐浩问:你有瓶子吗?

镜头8 中景　(徐在前,张在后)张大厨子:有啊,一会儿我还要上小店给你买去呢?还不快去干活。

镜头9 近景　徐浩笑笑走了(汽车刹车的声音)。

镜头10 全景　张大厨子继续剁鸡(匆匆的脚步声)。

镜头11 近景　张大厨子转头看到了辛师傅。

镜头12 全景　张大厨子放下刀,走上前去:辛师傅,这么热的天你还敢来?

镜头13 近景　辛师傅(擦汗的动作):我不敢来难道你送过来?(挥挥手)快点,快,那边正等着你的晚饭菜呢。

镜头14 近景　张大厨子:明白,我上午就接到老板的电话了(语气停一下问)这是给管材料的老板送去的吧?

镜头15 近景　辛师傅:知道了就别问了,赶紧的,送完我就下班了,这么热的天给我吃山珍海味我也吃不下去,还不如回家吃碗泡饭。

镜头16 近景　张大厨子:别急,我来挑些好的,送给老板的可不能马虎。

镜头17 近景　辛师傅:你都剁碎了吗?

镜头18 近景　张大厨子:剁碎了不更好。

镜头19 全景　张大厨子走回灶台。

镜头20 近景　张大厨子把东西放进黑色大塑料袋里。

镜头21 中景　辛师傅:张胖子,干得怎么样?这"双包"可比拿工资强?(辛站在张的背后问,拍背影。)

镜头22 近景　张大厨子:什么双包单包的,一个月就那么点钱,要管这些工人一天三顿饭,现在菜价上涨,不好办呀!

镜头23 近景　辛师傅:那好,赶明儿,我跟老板说说,跟以前一样每个月只给你固定工资,省得你难办。

镜头24 近景　张大厨子赶忙转过身说:别,别……

镜头25 近景　辛师傅:哈,哈,哈,你个张胖子(手指指张),露出狐狸尾巴了吧?

镜头26 全景　张大厨子:你老哥总是拿我张胖子寻开心。(把黑色塑料袋递给辛师傅)给,在老板面前可不能说我张胖子坏话啊!

镜头27 全景　辛师傅:有数,有数,有数。(边说边向外走)

镜头28 全景　张大厨子:您走好。

……

(7) 工地　晚上　外景

镜头1 小全　工人们津津有味地吃着。

镜头2 近景　工人碗里的鸡。

镜头3 近景　老李(狼吞虎咽)吃着鸡,说:这鸡真是香,不过还是没我婆娘做的好吃!

镜头4 近景　刘大勇推推老李:想老婆了?

镜头5 近景　老李撇撇嘴:有什么好想的,反正一年回去一次,现在刚好大热天,到冬天才能回去。

镜头6 近景　刘大勇:实在憋不住了可以多回去两次。

镜头7 近景　老李:车费你出啊?吃你的饭吧。

镜头8 全景　(从老李和刘大勇角度看)徐浩排在队伍的最后一个。

镜头9 特写　徐浩羡慕地看着从他身边经过的人。

镜头10 近景　徐浩开心地把饭盒给打饭的厨子。

镜头11 全景　徐浩向刘大勇走去,刚蹲下,刘大勇就站起来。

镜头12 中景　刘大勇:我再去打些饭,浇些鸡汤。

镜头13 近景　徐浩(用筷子翻来翻去):排在最后一个,只剩下鸡头鸡屁股了,真倒霉。

镜头14 近景　徐浩大口大口地吃。

镜头15 近景　徐浩停了一下。

镜头16 特写　徐浩从嘴里抽出一个东西。

镜头17 跟特写 (徐浩)把手举高,发现是一根鸡毛。

镜头18 全景　工人们吃饭。

喇叭音响起,又是那首《月亮之上》。

2.专题片《三国颂》(见图6-22)

(某院校节目制作系学生拍摄)

**点评**

1.作业《端午》的文学本(节选)和分镜头本(节选)可以对照起来阅读,以看出学生在景别处理和场景设置上的编导构思。应该说,作为专题片的有益尝试,其镜头组接的蒙太奇结构和景别设计还是颇费了一番匠心的。这部专题片的生活气息和民俗气息都表现得比较充分,虽说分镜头剧本的音响设计显得简单了,但镜头样式及其变化还是标注得很清晰也掌握得比较妥当的。由于是习作,不足也是明显的,开头略显

图 6-22 《三国颂》

平淡,主体部分情节尚丰满,而结尾似乎稍欠韵味,从"豹头、猪肚、凤尾"的编导要求来看,似乎显得尚有不尽完美之处。

2.《三国颂》是一部拍摄得比较好的专题片,为师生合作的结晶,其指导老师有多年的拍摄经验,对于拍摄的指导比较具体得力。这是介绍无锡旅游胜地"三国城"的一部风光片,画面优美、声画俱佳,艺术性较强,说明有好老师的指导对拍出好的电视专题作品具有重要意义。如从"豹头、猪肚、凤尾"的要求来看,该片应该说是合格的。

**参考资料**

1. 刘景峰,李美鸿.电视专题片制作讲"六要"[J].新闻传播,2005(5).
2. 张静民.电视节目创作与编导[M].广州:暨南大学出版社,2004.

# 学习单元七

# 电视剧的创意与编导

一、与电视剧相关的名词概念
二、电视剧与电影的区别
三、少年儿童电视剧的策划与编导
四、电视喜剧的编导
五、电视剧编导的创意
六、电视剧脚本的策划
七、电视剧的改编
八、电视剧脚本写作的格式
九、电视剧编导的时空结构设计和场面调度
十、电视剧导演的艺术风格

## 学习目标

- 电视剧的创意与编导是影视作品教学的重头戏,需要学生了解电视剧的综合性、动态造型性、逼真性和商品性等主要特性及相关基本知识。
- 熟悉并基本掌握主要类型电视剧的创作及编导的主要环节和操作过程。

## 一、与电视剧相关的名词概念

画面、景、镜头：画面就是活动于荧屏或银幕上的影像；景是指荧屏或银幕上的单个画面图像；镜头是由画面构成的，有的镜头是一个画面，有的不止一个画面（如图7-1至图7-3）。

图7-1 《九州·海上牧云记》

图7-2 《甄嬛传》

文学剧本、分镜头剧本：文学剧本是指用文学手法描写影视剧内容的一种文学样式；分镜头剧本是指由导演撰稿的供拍摄用的文字脚本。

编剧、导演：编剧就是为拍摄影视剧编写文学脚本的作者；导演是摄制组的中心，是把文学剧本转换为影视剧成品这一创作全过程的总的艺术指导。

蒙太奇：指影视作品创作过程中的剪辑和镜头组接艺术。

图7-3 《军师联盟》

## 二、电视剧与电影的区别

电视剧一般分为直播剧、短剧、单本剧、连续剧、系列剧、室内剧、AB 选择剧、肥皂剧、青春偶像剧、警匪剧等,亦可归为直播型和录播型两大类,其代表性作品如《人民的名义》《琅琊榜》等。

电影与电视剧之间存在着根本的差异。现在,电视已成为播放电影的重要媒介,通过电视看电影的人比去电影院的人要多得多。反之,很多电视系列剧被剪接编辑成电影在电影院放映,而为电视制作的电影片更是经常在电影院上映。面对这一事实,我们仍然要说电影与电视剧是具有本质差异的。与电影相比,电视剧的本质特点可做如下归纳:

### 1. 独特的欣赏方式与亲切感

电视屏幕小是电视的一个基本特征。电视是特写媒介,如果观众要看清正在发生的事件,就必须被带到事件的现场。极小群体或个人观看的欣赏方式进一步增强了电视的亲切感。

电视经常表现的是从事某种非常有限的活动的小群体人物,电影的大银幕则更适合表现宏大壮观的场面和运动,如:大海上的混乱、暴民攻击城堡、战争场面等;电视适于表现紧凑有限的场面,它表现的斗争以发生于两个人之间为宜,而不是成千上万人的大战。在表现风光方面,电影比电视的效果要好得多。

电视的亲切性是否意味着它的专有领地是普通人呢?很多人持肯定回答。电视早期播放的大量剧目证实了这一观点的合理性,这些剧目有点类似 20 世纪 80 年代末 90 年代初国外出现的电影短片剧种,名为"厨房洗涤槽",所表现的是普通人在日常生活中经历的各种危机或恐怖事件。然而,继这类剧之后,电视屏幕又被以英雄和传奇为主题的场面开阔的西部电视剧占领。一时,"厨房洗涤槽"式的电视剧又了无踪影。再后来,电视剧的题材与风格不断多样化。即使在电视剧的直播时期也没有明确地规定什么样的题材适合或不适合电视媒介。那么,我们是否还可以说"电视剧是普通人的艺术"呢?不可否认电视的确成功地播出了各种类型的电视剧。但是,这一事实抹杀不了"电视剧最适于表现观众所熟悉的普通人的生活矛盾"的客观特征。可以说,有些类型的剧目是根本不适合电视媒介的。评论家汤姆·普里多曾说:"具有户外幻觉效果和宏大场面的希腊史诗剧在电视屏幕上显得如此荒谬和无足轻重。"应该说明的是,有些电影之所以在电视中播出后获得成功,并非由于这些电影适合于电视的媒介形式,而是由于其他一些原因,诸如:这些影片在影院里放映时就获得好评;影片由著名影星参加拍摄,制作经费充裕为影片增添了色彩等。

正如电视可以播放各类题材的电视剧一样,电影也可以表现多种多样的题材。有很多以普通人的普通生活为主题的电影获得巨大成功。早期电视剧代表作《马蒂》(见图7-4)极成功地塑造了一个有血有肉的青年角色——马蒂,他像许多年轻人一样,在情场上屡次失意后便认为自己天生不讨女人的喜欢,并因此放弃了成婚的念头。结

图7-4 《马蒂》

果,爱神不期而遇地降落在他的面前。影片的领衔主演欧内斯特·博格宁(Ernest Borgnine)因此还获得了"学院表演奖"。

2. 电视剧受限于时间因素

与电影和戏剧相比,电视受时间的影响非常明显。电视剧作者比其他媒介的作者更受时间的限制。这主要表现在三个方面:

首先,电视剧有规定的长度,尽管这规定的长度有时很不适合电视剧主题思想的表现要求。而舞台剧和电影的长短大都可以依据主题思想而定。选择适合于规定时间长度的题材是电视剧作者面临的最重要的选择之一。电视剧分为15分钟、半个小时和1个小时三种类型,如果以半个小时的时间表现1个小时长的电视剧题材,或反而行之,就意味着剧作者的第一步走向了失败。

其次,单本电视剧的时间长度总是少于戏剧和电影。以播出时间为例,每周播放一集的电视系列剧大都为1小时或半小时一集,显然,松散地跨越漫长的年代,融入繁多的人物角色的全景式的表现方式是有悖于这种电视剧创作形式的。电视剧作者一定要选择适当的表现形式。乍一看,时间限制了电视剧作者的手脚,然而,尽管不少电视剧的播出时间都比电影短,但也确实有篇幅较长的电视剧形式:如2小时长的专为电视创作和拍摄的电视影片或长篇电视连续剧。后者每集1—2小时,每天播出一至三集,连续几天或几周播完。第一个获得成功的电视连续剧是根据欧文·肖(Irwin Shaw)小说改编的34集的《富人穷人》。后来,根据亚力克斯·哈利(Alex Haley)小说

改编的电视连续剧《根》创造了收视率的最高纪录,进一步巩固了这种电视剧形式的地位。长篇电视连续剧为创作者提供了比传统电影和舞台剧作者更为充分的铺展情节和刻画人物的时空。

最后,电视剧的播出时间和日期趋于固定化。无论如何,不能因为作者没有完成剧本创作而更改电视剧的播出时间。尽管出于经费的考虑,电影也需要尽量按计划完成摄制任务,但相比之下,电影创作仍享有较大的时间自由。此外,舞台剧作者比电影同行享有更大的时间自由,因为舞台剧的排演计划大都产生于剧本完成之后。

由于电视剧的播出时间限制得很严格,因此,电视剧的创作与制作时间大都相对很紧张,电视剧作者经常是在极大的时间压力之下工作的。可见,电视剧作者必须善于突击作战。

### 三、少年儿童电视剧的策划与编导

在少儿电视剧节目中,编导作为主创人员,在节目的策划与创作、制作过程中,发挥着艺术上指导、质量上把关的重要作用。因此,只有根据少年儿童的需求变化不断强化编导策划意识,才能创作出优秀的少儿电视剧。

1. 少年儿童爱听好故事

少年儿童电影、电视剧特别是幼儿剧多采用讲故事的形式,因为少年儿童爱听好故事。故事可运用多种形象化的表现手段,如静止的画面、动画、木偶、演员等。有些节目让木偶与演员,包括著名艺术界人士同台演出,效果极佳,当年美国"儿童电视作坊"拍摄的《芝麻街》(见图7-5)就是一例。在创作者制造的幻想与现实交融一体的氛围中,木偶与人建立了可信任的相互关系。

美国的儿童片《友好的巨人》又是一例。这个节目最初是鲍波·霍姆为WHA-TV台创作的,现在由加拿大广播公司继续制作,鲍波·霍姆仍然担任编剧,并扮演剧中主角。这个节目采用微型布景与道具。身居小房子、小家具和小动物之中,扮演巨人的

图7-5 《芝麻街》

霍姆俨然是一副巨人体态。剧中,霍姆是一位非常友好的巨人,他与动物木偶的谈话妙趣横生,令儿童们忍俊不禁。他们的话题丰富多彩,其中涉及单词的用法、遥远地方的趣闻、政府管理奇事、人的生活价值等五花八门的内容。巨人经常以图片说明谈话的题目。整个节目没有动用复杂的制作技巧,效果却非常理想。

创作儿童系列节目需注意以下几点:首先,节目结构应简单,每一集的基本格局应保持一致。以美国儿童系列剧《罗杰斯先生的街坊》为例来说明这一原则。该剧的每一集都以罗杰斯下班后来到"电视房"开场,他边走边唱主题歌《你不愿做我的邻居吗?》,然后脱下西装革履,换上宽松舒适的汗衫和运动鞋。接着,他简单地介绍当天节目的题目,再用影片中的示范、采访或拜访邻居等形式对该题目进行说明和诠释。如"做面包"这一集,在简单介绍做面包的程序之后,他把小观众引向面包房,让他们看到面包制作与烘烤的过程。节目的中间部分被称为"假装的街坊",这是一个带有明显想象色彩的地方,标有"让我们假扮"的字样。在"假装的街坊"中,木偶与演员进一步谈论当天的题目。最后,节目仍回到罗杰斯住所的现实世界中,他再次对当天的题目进行概括性解释,最末以《再会歌》结束。《罗杰斯先生的街坊》每一集都按上述模式设计,很少出现变化。

其次,戏剧性节目的故事线索要直截了当。场景变化小,避免出现众多短小而缺乏连贯性的场面连在一起的现象。要开门见山,主要故事内容应尽快展现出来。剧中要设计足够多的动作和兴奋点,使小观众的注意力尽量稳定而集中。在儿童剧中,设置悬念与紧急的事件有着与成人戏剧一样的重要性。

再次,儿童剧的主要人物要少,主要人物要尽早出场并且保持行为举止的始终如一,以免给儿童造成理解上的混乱。人物的名称要形象有趣,好理解、易记忆,符合儿童情趣的人物名称可以为节目的成功做出重要贡献。

最后,鉴于儿童注意力集中时间短的特点,儿童电视节目的内容与节奏应更富于变化。每个节目蕴含的知识量不要过大。总之,创作者要时刻牢记:自己的收视对象是儿童,节目的内容与形式都要以适应儿童的审美特征为准绳。

### 2. 要多与儿童自身经历相联系

儿童有限的经历及简单的思维方式也是创作者要十分注意的因素。儿童节目的用语应比成人节目更加简单明了,词汇的选择应更加严格。当然,儿童节目不能只用儿童已经理解会用的字词。如果以此作为节目用语的标准,儿童节目便失去了"扩大儿童词汇量"的作用。儿童节目使用新词的原则是:在上下文的启发下,儿童能够理解新词的意思。儿童节目的语言应以名词、动词为主,尽量少用副词和形容词;句型结构也以简明为好,尽可能不用土语方言。儿童渴望发现和了解周围世界的天性为创作者集中儿童注意力提供了有利因素。但是,如果节目中出现的内容不能带给儿童欢乐,甚至使他们迷惑,那么,创作者马上就会失去得天独厚的有利因素。新的内容只有和儿童原有的知识与经历发生联系的时候才能被儿童接受。在《芝麻街》这一儿童系列节目中,有一集教儿童认识英文字母"J"的内容,创作者将这个字母与大多数儿童熟悉的钓鱼和其他人与物连在了一起。下面请看这个节目的脚本节选:

| 图像 | 音响 |
| --- | --- |
| 两个小男孩坐在一起聊天。 | 男孩A:发生了什么事? |
| | 男孩B:我不知道。 |
| 字母"J"出现在屏幕的上方。 | 男孩A:这是什么? |
| | 男孩B:我不知道。 |
| | 男孩A:像个钓鱼钩。 |
| "J"越来越大,把两个孩子挤在屏幕的一角。 | (男声画外音):这不是钓鱼钩,是字母"J"。 |
| "J"移向屏幕的左方,一个小人走向"J"。 | 男孩回声:噢! |
| 小人躺在"J"的弯钩里,见了脚上的小虫子。小人从"J"上下来,把虫子装进罐子。 | (音乐起)画外音:从前,有个人叫乔。一天,他看见自己脚趾上有个"六月虫"(June Bug),就抓住它放进一个罐子(Jar)里。 |
| 法官从屏幕的右方出场。 | 这时,法官(Judge)出现了,连声说:"不行,不行。" |
| 乔跳起来。 | 乔问:"为什么?" |
| 乔在树上跳起舞来。 | |
| 乔慢慢走到屏幕左方,并且开始在树墩上跳起快步舞(Jive)。 | |
| 乔慢吞吞地走到城里。 | |
| 在那儿,他把"六月虫"放进打气筒。 | |
| 法官出现了,他用木槌敲着乔的脑袋。 | 法官追了上来,大声吼叫:"法律将会制裁你。" |
| 乔站在法庭上,法庭做出判决,乔被监禁一个小时。 | |
| 乔在牢房里。 | |
| 切出两个男孩坐着的画面。 | |
| 男孩躺下,朝上看着"J"。 | 男孩A:原来这就是字母"J"。 |
| 男孩坐起。 | 男孩B:看起来还是像钓鱼钩。 |
| 随着两个男孩的说话,以"J"开头的单词依次出现。 | 男孩A:你知道我们还学了些什么吗? |
| | 男孩B:知道,不要挤烂"六月虫",惹恼法官。 |
| Jive Judge | |
| Jamming June | |

节目中出现的矛盾难题应该是儿童经历过或很容易想象的。例如,节目要表现人的情感,以选择某种小动物为好,这是大多数儿童经历过或容易理解的。而剧中的物象和角色如"乔""法官""六月虫""罐子"则都是以"J"开头的单词,对于教儿童认识英文字母"J"开头的单词就很有帮助。此外,儿童很难接受时间概念,因此,当节目涉及时间概念时,创作者必须格外谨慎。儿童习惯看向前发展的情节,儿童节目以按时间顺序排列情节为宜,如果情节倒叙,儿童容易混乱。因此,儿童节目中的时空跳跃、情节转折应力求简单明确。

### 四、电视喜剧的编导

对于电视作家来说,没有比喜剧创造更难的事情了。在这一部分,介绍有关喜剧创作的编导技巧。

#### 1. 集体创作

与其他形式的脚本创作相比,集体创作是喜剧性节目的一个突出特点。喜剧创作之所以成为集体劳动,主要是因为一个人独自坐在打字机前很难产生忍俊不禁的艺术效果。幽默艺术的创作需要一个与之相宜的氛围,在这一氛围中,需要交流与反馈。一个作者萌发的喜剧感,要经过他人的体验才能显示证明其艺术魅力,他人的反应与感受又常常诱发出新的构思形式。如此循环反复,才能妙趣横生。《家有儿女》(见图7-6)一剧就是充分运用日常生活中的亲情、对子女的挚爱等元素,通过喜剧形式打动观众的成功范例。

图7-6 《家有儿女》

#### 2. 写作程序

尽管每个创作集体都有自己不同的创作方法,但是,万变不离其宗,喜剧创作少不了三个步骤:构思、写作、修改。

(1)喜剧构思的形成

喜剧创作的第一个环节是召开由演员和剧作者参加的集体构思会。会上要讨论总体构想、每一场面或每一场滑稽短剧的内容。最后的脚本是否成功与总体构思有着十分密切的联系,如果总体构思暗含着多种喜剧要素,可自然形成众多趣味十足的笑料或噱头,整个节目的写作便顺畅,容易获得成功,否则,写作将成为一个艰辛拖沓的过程。对于电视系列喜剧来说,除了贯穿始终、制约全剧的总体构思之外,还要对每一集作出基本构思。有了整体和每一集的框架以后,作者开始设计每一集的故事梗概。

(2)脚本写作

节目构思确定之后,作者便开始动笔写作。写作可以以小组为单位,也可以由作者分头独立写作。不管用什么方法,都必须最大限度地发挥作者的聪明才智和想象能力。活跃思维的方法之一是提出一些问题,然后尽力给出妙趣横生的回答。比如"我的房子如此之小,以至于……""我姨妈如此之胖,以至于……"等。

喜剧创作需要的材料之多是惊人的,仅靠作者本人很难获得如此之多的幽默材料。其解决方法之一是日常搜集并建立笑话档案。这些笑话当然不能原封不动地搬进喜剧之中,因为它们之中的许多笑话已被众多人所熟悉,而观众熟悉的笑料决不会取得理想的取悦效果。因此,这些材料必须经过"偷梁换柱"的加工处理。

(3)脚本修改

好的喜剧是改出来的,这话一点儿也不假。不经过反复的修改是不会创作出精品的。

## 五、电视剧编导的创意

急于求成的编导常常会遇到选题难的问题。不管编导自我表现的愿望与其希望表现的主题思想是否恰当,创作应首先确定方向。

1. 创作灵感的萌发

创作灵感萌发于生活的各个方面。有时,它出现得如此突然或不知不觉,以至于作者很难对其做出解释。创作素材或许是平时看到、听到或读来的东西在头脑里扎下了根,如同照相底片上的影像,一旦时机成熟便会洗印出清晰的照片。在我们的日常生活中,带有戏剧性的事情每时每刻都在发生,如在一个火车站,一名妇女紧紧地拥抱着一个身穿军服的男子,她抱得那样紧,好像永远也不会放开一样;一个摩托车骑手木然地盯着毙命于自己车轮下的人;孤独的母亲凄苦地望着畸形的儿子在沙滩上玩耍。

这些情景或许都会引起作家的创作冲动。有时,带给人们灵感的仅仅是一种声响,如深夜中划破天空的痛苦哀叫和毫无欢乐的狂笑。

著名短篇小说《开花的紫荆树》的作者凯瑟琳·安妮·波特(Katherine Anne Porter)在谈一次创作的体会时告诉我们,她在墨西哥曾看到一个粗野的胖男人对一个美丽少女唱小夜曲的情景,就在那一瞬间,产生了创作灵感。

2. 作者的亲身经历

无数事实证明:最好的作品往往产生于作家的亲身经历。欧内斯特·米勒·海明威(Ernest Miller Hemingway)的创作生涯为"个人经历与创作的关系"提供了惊人的例证。他所有的作品表现的几乎都是他本人的生活经历,其中有他在欧洲流放时期的生活、在加勒比地区的生活以及他在第一次世界大战和西班牙内战中的亲身经历。威廉·福克纳(William Faulkner)的作品也植根于他自身的生活经历。他认为,没有必要向自身生活之外求创作源泉。他曾说:"我发现那小小的带有故乡泥土味的邮票值得我付出笔墨。我的生命如此短暂,使我无法详尽无遗地写完它的故事。"

3. 生活素材的戏剧性转化

生活的确可引起创作冲动。但是,原原本本地再现生活是产生不出好作品的。原因之一是,即使绝对真实的事件,一旦被原封不动地写进作品中,也常常会变得完全不合逻辑。英国著名小说家、戏剧家威廉·萨默塞特·毛姆(William Somerset Maugham)曾说过:"生活中充满了虚构小说所不能容忍的事。"在实际生活中,人经常是变幻莫测的,经常做出令人难以相信的事,这一现象为戏剧创作增添了一个很大的难题。戏剧人物的行为必须符合其性格特征与价值观,必须是可信的人物形象。

将真实的生活照搬进戏剧中,常导致作品单调乏味。直接移植于生活的冲突或许具有足够的紧迫感,并能一时引起观众的兴趣,但是这些冲突缺乏发展过程,使观众的兴趣很难持久。戏剧冲突必须呈现不断发展的趋势,直至高潮形成,而实际生活中符合这一要求的冲突是不常见的。笔者认为,尽管亲身经历经常会激发起创作灵感,然而,在将真实生活转化成艺术形式时,稍一不慎就会出现荒唐或单调的现象。在生活提供给我们的素材的基础之上,必须建立起自己的戏剧真实的大厦。荒唐和不大可能的生活素材必须经过重新提炼和改造,成为合情合理的戏剧材料。用萧伯纳的话来说,戏剧家应从每日纷纭的生活事件中选出重要的部分,经过重新安排,使事件之间的联系也显得重要起来。还有一点需要注意,生活只有在掀起剧烈的感情和思想波澜的时候才具有戏剧价值,也只有这些时候才值得进行戏剧加工。完成后的剧本是否准确无误地表现了真实事件本身并不重要,重要的是"剧情是否符合艺术的真实并能被观众接受"。

4. 超越直观感受

编剧是否可以将间接的经验写入剧作中呢?首先必须指出,有些人对个人直接经历在剧作中的作用不以为然。美国著名剧作家莫斯·哈特(Moss Hart)藐视"作家只能写自己最熟悉的东西"的说法,称其为"戏剧名言中的愚蠢之谈",哈特认为这一观点抹杀了想象赋予写作者的必不可少和取之不尽用之不完的才智。哈特的第一部重要剧作《人生的一瞬间》旨在证实他的观点,这是一部以好莱坞影城为题材的作品,而作者本人从未涉足好莱坞。美国现代戏剧之父乔治·贝克(George Baker)教授也曾有过相似的论述。他说:"年轻的戏剧工作者都相信一个谬论,就戏剧素材来说,实际发生的事比想象出来的东西要好。"请想一想,金庸的武侠小说的确非常精彩,其作者从未有过这方面的经历,却写出了如此生动有趣的武侠小说作品。而《红楼梦》(见图7-7)则是曹雪芹依据已经败落的封建大家庭的历史创作而成的,亦是超越了其直观感受的"满纸荒唐言"。

图7-7　电视剧《红楼梦》

写自己的亲身经历似乎可以保证作品的可信性与生活化。然而,如果将亲身体验的作用强调到了不恰当的程度,就会对写作活动产生限制作用。过于强调亲身经历的作用会掩盖这样一个事实:仅仅依靠亲身经历的写作会把作者死死限制在他本人所处的时代、地区以及所熟悉的事物之中。其实,即使是以作者本人为原型的创作,也会经常面临材料缺乏的问题。因此,剧作者必须冲破直接经验的束缚,把个人经历仅仅当成发挥想象力的触媒。

六、电视剧脚本的策划

在编写脚本之前,应首先详尽地策划出整个脚本的框架,在这一过程中,有下列几个要点:

### 1. 脚本需迅速引起观众注意

电视观众经常变换频道，寻找他们喜欢的节目。如果不能一下子引起他们的兴趣，他们就会转向别的频道，或干脆关上电视机。相比之下，影院里漆黑的环境及远离各种家庭干扰的条件有助于将观众的注意力集中在银幕上，外加观众光顾电影院已经付出了一定的代价，如，购买电影票，或花钱坐车，或是行走一段路程，因此，即使兴趣没有被即刻调动起来，电影观众也不会马上离开影院。当然电影创作者不能为此而忽视引起观众兴趣的时间问题，否则，观众看完电影后散布的不利舆论会使一部影片失去吸引更多观众的机会。要想使电视剧吸引观众的注意力，主要有以下几种方法：

（1）开头出现危机

引发观众兴趣最有效的办法是，一开场就让他们看到剧中人陷入某种难以自拔的困境，或者面临某种危机。如果可能，在片子拉开序幕之时就告诉观众，剧中人走到了生命的十字路口，他或许必须做出某种十分痛苦的抉择，或者已开始为实现某个目标而奋斗。要做到这一点，你必须假设，在向观众拉开序幕之前，故事早已是进行时态，你可以在故事后来的进展过程中补充交代危机形成的缘由。如果在电视剧开始之后才从头讲起你的故事，那么，形成高潮之前的冗长、缓慢的背景戏会使你失去众多的观众。演职员表甚至可以放在第一场之后，或在第一场的进程中打出。例如，美剧《越狱》第三季第三集一开始，一个没有在镜头前出现的人，在林肯房间的门下塞进一个信封。林肯很紧张地把信封捡起，撕开一看，居然是儿子和莎拉被绑架的照片，由此，疑窦重重：是谁将照片塞进来？为何要把照片塞进来？林肯的儿子和莎拉现在怎样？林肯看到照片后会怎么做？这一系列的疑问都会吸引我们看下去（见图7-8）。

图7-8 《越狱》

（2）暗示矛盾

有些剧目不允许创作者开门见山地把高潮推向观众。在彻底揭露矛盾之前，必须加进一个引子，在这种情况下，创作者可用暗示矛盾的手法吸引住观众。其方法之一是在剧的开头向观众做出某种形式的提示，让他们预感到一场危机正在孕育之中。如剧中人惧怕与某人见面,或对即将发生的一件事忧心忡忡;开场的解说词也可以起到唤起观众期待感的效果。另一种有效的手法是在开场戏中展现后来高潮情节的画面,被称为"逗引法",这种方法具有一定的刺激好奇心的力量,其弊端是容易产生人为造作之感。值得注意的是,如果激发观众兴趣的心太切,很容易因手法的直露而适得其反。另一个缺点是,在没有来龙去脉的情况下展示孤立的场景,或许会引起观众的误解而达不到预期的目的。

(3)新奇的魅力

向观众展示陌生、新奇的经历是引起其兴致极好的办法。科学幻想和恐怖片经常用稀奇古怪或令人毛骨悚然的内容与手法造成某种强烈的气氛。一个新奇陌生的场景可以引起观众的好奇心,因为陌生的地方和行为很容易成为人们的注意中心。美剧《权力的游戏》第一季第一集(见图7-9)就是以这种手法开场的。

图7-9 《权力的游戏》开场

(4)熟悉的魅力

用观众熟悉的事物引导、集中他们的注意力可以获得与"新奇"手法异曲同工的效果。人们很容易被故事中与自己经历相类似的情节所吸引。运用这种手法的难点在于,对于某个观众是熟悉的事物,对于另一个人却可能是完全陌生的。当然,从另一个角度考虑,用熟悉的事物打动某些观众的同时,另外一些观众或许因这一事物的新奇与陌生而被吸引。

(5)独特的人物形象

集中观众注意力的另一有效手段是,一开场就把独特的人物形象推向观众,使观众被深深吸引。

2. 保证观众兴趣的持久性

仅仅在开场中触动观众的兴奋神经是不够的。成功之作必须能够使观众注意力在整个电视剧播出过程中不游离,不涣散。要应对这一挑战,最关键的是建立强有力和高度集中的情节链,将独特的人物投入生死攸关的冲突之中。除此之外,还有一些技巧可以帮助你达到这一目的。

(1) 悬念

对于影视工作者来说,设置不断强化的悬念是保证观众兴趣持久性的好方法。创作者制造悬念的第一个办法是引发观众了解即将发生事件的急迫感,如事情发生后的结果会怎样。有时结果是显而易见的,如年轻的恋人最终过上了幸福的生活。令人悬心的是,面对重重障碍,这对年轻人如何越过难关,喜结良缘。制造悬念的第二个办法是塑造引起观众兴趣或深得观众同情的人物形象。当观众为这些人如何摆脱缠绕他们的麻烦而焦虑时,创作者的目的也就达到了。创作者更加强调悬念的作用,他们不断地加强观众的不确定感和急迫感,直到形成强烈的高潮。由此说来,悬念由两种成分构成:好奇与急迫的关切。悬念主要分为以下两个种类。

①次悬念:次悬念的作用是引起观众的兴趣,说服他们不停顿地看下去,直到主悬念形成。制造次悬念的主要手段是刺激观众的好奇心。

②主悬念:剧中最重要的悬念是与引导全剧情节发展线索的目标或抉择紧密连在一起的。在"目的中心剧"中,作者通过唤起观众对主人公实现目标之行为的好奇感与关切感完成悬念的设置。在"抉择中心剧"中,悬念的作用在于刺激观众,使其为主人公困难重重的抉择而焦虑不安。随着剧情的发展,与中心情节连在一起的悬念不断强化,逐渐取代由次情节引出的次悬念。

(2) 期待

悬念与期待是相互联系的两种不同的概念。二者的功能都是激发观众的急切感。不同的是,悬念产生于观众为即将发生的事情而疑惑之时,期待产生的前提是:观众坚信某件事必定发生。有时,一情节同时造成悬念与期待,从而对观众产生双倍的吸引力。比如,屏幕上,一个孩子为躲开湍急的旋涡而拼命地游着。这时,观众期望看到孩子游到水流平缓的区域,脱离死亡的威胁。同时,他们或许揣测:会不会发生什么意外的事情,帮助孩子脱离险情呢? 被期待、好奇及焦虑所搅扰的观众无疑会目不转睛地注视着荧屏或银幕上剧情的发展。期待感的发展有时会引起剧作者的某种责任感,使他们特意为剧本增加一些情节。打个比方,某个故事中,一个不公正的雇主欺侮一个忠实肯干的雇员。开始，雇员忍受着，但随着事情的发展，雇员认识到，他必须采取某种行动结束这种不公平的状况，最后，他鼓起勇气对老板的做法表示抗议。这时，观众期待着事情的结果，而剧作者有责任把结果告诉观众。如果剧作者在唤起观众强烈的期待感后，没有满足观众的期望，可以说是一种失职的表现。

（3）现场感

影视剧与小说的显著区别在于，前者所揭示的是正在发生的事情，而后者讲的是已经过去的事情。影视剧作者应充分利用影视剧的现场感染力，让观众感觉到，他们正在经历一场正在发生着的事件。否则，作品就无法保证观众注意力的持久性。如何使观众产生身临其境的感觉呢？

①故事的发展必须循序渐进

循序渐进是所有讲故事的人都用的手法。但对于电视编导来说，这一手法有其特殊的重要作用。就电视剧而言，循序渐进的含义是：逐步升级展开剧情，间断性地向观众泄露一些秘密，使他们始终处于兴奋状态，在剧情结束之前不要把一切都展现给观众。这种表现方式可以加强观众的参与意识，使他们步步紧跟剧情的发展。循序渐进还有助于加强全剧的节奏感。重大信息的泄露往往引起剧情发展的加速，而在两次泄露之间又往往出现一个松弛和平缓的过程。

在策划剧本结构时，最重要的莫过于确定如何安排那些对整个剧情的发展和人物至关重要的情节。应严谨地计划出何时、如何、揭示什么样的内容。过早地揭开全部谜底是电视剧创作者常犯的毛病。为了最大限度地保持观众的期待感，只能一点一滴地释放信息，其原则是既足以保证剧情处于发展势态，又不因一下释放出太多的信息，使观众产生满足感，从而削弱期待感。

②善用暗示（含蓄）

暗示是引导观众参与电视剧、改变观众单纯的旁观意识的基本表现手法。多用暗示，可鼓励观众自觉地在间接性现象和启示之中作出自己的判断，避免依靠直接性表述理解剧情的被动欣赏方式。如果做到了这一点，观众无形中成为电视剧情节与人物创作的参与者。这一过程与现实生活中人们认识事物的过程很相似，人们总是根据事实与观察判断人和事。

美国电视影片《当每天都是6月4日时》向我们提供了两个运用暗示的范例：在审判即将开始之前，有人向法官提出禁止在法庭内拍照的建议，法官粗暴地拒绝了。之后，他非常讲究地梳起头发。这中间法官没有说一句话，可他虚荣、爱表现的特点已暴露无遗。后来，穿着讲究的辩护律师故作姿态地脱下外衣，身着衬衫和西装马甲走近原告的证人,这一表现使观众感觉到,即将开始的将是一场十分艰难的舌战。

除了引导观众跟上向前发展的剧情外,暗示还有加强先前印象和情节的作用。在美国一部科幻电视剧中,提到了一种既可听到声音又可看到对方图像的电话机。后来剧中出现了这样一个情节:一位总是外出旅行的太太用上面提到的电话与丈夫对话。她丈夫刚拿起电话,她就不满地嚷道:"弗雷德,你为什么要戴这种领带?!"

当然,作者必须提供足够的信息,使观众足以得出某种印象和结论。剧中必须交代清楚:剧中人是什么样的人,他们住在哪里。过去发生了什么样的事情,形成了目前的状况。如果观众连这些问题都搞不清楚,必然失去继续看下去的兴趣。观众不必搞清所有的事实,只需明了那些直接影响自己理解剧情发展的事实。过多的诠释会影响作品的艺术魅力;解释不足,观众看不懂,艺术效果则无从谈起。这两者之间的界限是十分细微的,伟大的艺术家只需要采用那些对于观点的建立必不可少的内容,而把其余的部分留给观众自己去想象与发挥。与暗示相类似的另一个技巧是把重要的故事情节形象地展现给观众,而不是用语言告诉他们。电视剧最有力的武器是逼真地再现各种事件。这一点是小说家做不到的,小说家更多的是借助人物的语言介绍事件的发生。观众们不愿意听说发生了什么事情,而更喜欢用自己的眼睛看着事情在眼前发生和发展。当然,我们没有如此多的时间,把一切情节都再现于形象。因此,一些枝节、次要的情节需要用语言描述。然而,必须向观众提供目睹基本矛盾和冲突的机会,要让他们通过眼睛体会剧中人的喜怒哀乐。

3. 确保剧作的可信性

除了从始至终地维系观众的兴趣之外,剧作者还必须确保作品的可信性。当观众开始对剧中情节或动机产生怀疑时,当他们表示"我不信主人公会如此行事"的时候,剧作者便开始失去观众。即使观众能够继续看下去,也不能再保持全神贯注的欣赏状态,因为他们已经走出剧情成为旁观者,从满怀情感的体验状态转入漫不经心的观看状态,使观众不再能体会到最大限度的戏剧冲击力。确保剧作的可信性有以下技巧:

(1)铺垫

缺乏铺垫是使观众对某一剧情产生抵触情绪的原因之一,"铺垫"是指提前为后来的情节提供足够的细节基础,使观众具有一定的心理准备。比如,剧中将要出现主人公从桌上操起刀砍向另一个人的突发性情节,那么,我们不仅要让观众提前看到桌上的刀,并且要让他们意识到,主人公够得着桌上的刀。如果剧中人突然死去,观众则应提前得到一些事实,从而相信突然出现的死亡。关于铺垫,俄国著名剧作家高尔基

有过这样的论述:"如果你在剧本中写道:'舞台的墙上有一支枪',那么这支枪在闭幕前必须放响。"如果用个比喻来说,策划剧本非常像下棋,一系列棋子的移动都是为了实现你最终设计的关键的一步。

(2) 其他技巧

剧作者或许会遇上众多棘手的问题,处理不当,情节的可信性随时都会受到影响。如,剧情需要某个人物的回避是剧作者经常碰到的情况。为了能给其他人提供背后议论女主人的场合,剧作者常有意让一壶水烧开发出的响声把女主人引进厨房;为了让观众了解桌上书信的内容,会特意让祖父忘带老花镜,而不得不请他人大声读信的内容。但这些做法很容易给人以造作之感。

有时会出现另外一种情况,我们可以从莎士比亚戏剧中体会到这样的道理。莎士比亚让我们相信:一个女子穿上一件男人的衣服就可以让家人和最亲近的朋友识别不出,这显然没有什么道理。然而,我们接受认可了,所以剧才能继续演下去。所有的戏剧情节中,最令人难以置信的莫过于俄狄浦斯与其母亲结婚一事,而观众认可了,原因是这一事实发生于该剧开场之前。人们不愿意接受出现在眼前的不可信的事,可如果同样的事情发生在过去,人们却往往能够相信。

4. 情节链要条理清楚

条理清楚是电视剧维系观众兴趣的又一必要条件。观众不必对每一个细节明察秋毫,但在一部电视剧结束的时候,他们应该清楚整个情节链中环节与环节之间的关系,得到所有重大问题的答案。在任何时候都不该让观众陷入混乱,以至于跟不上剧情的发展。

(1) 开场戏是保证全剧条理清楚的关键戏之一

开场戏中,精心设计的画面可向观众提供必要的人物与剧情背景信息,解说和对白当然是交代背景材料的重要手段。此外,还有两种常用的形象化手法,一种是从大远景推出近景;另一种虽然用得不如前者那样多,有时却能收到十分显著的效果,这就是用大特写开始,随后拉出远景。

(2) 转场技巧是保持剧情清楚的重要因素

根据作用性质的不同,转场可分为若干种类。第一种是表示时空变化的转场,常通过多幅时空不同的画面替换加以实现。第二幅画面的时间或后于第一幅,或是第一幅的闪回。用一连串的转场表现同一事件不同侧面的手法即影视画面剪接的艺术逻辑,常被称为"蒙太奇"。第二种转场多用来表现同一时间内发生在不同地方的情节与情节间的关系。如表现一对即将结婚的男女青年的剧情,交替表现新娘或新郎为婚礼进行准备的情景;又如在侦探片中,出现侦探追查罪犯与罪犯逃避追查的相互交替的场面。第三种转场表现在同一地点发生的事件与事件之间的时间关系。在大多数情况下,后一幅画面的时间要晚于前一幅画面;有时也会出现向前一个小时或前一天的闪回。实现这种转场常用下列手法:钟表的走动显示出时间的推移、日历上的纸一页页飘落、从空烟灰缸切出里面堆满烟灰的画面、枝叶茂密的树变成光秃秃的树等。用转场的明确性检验转场的动机与效果,是区分编导作品专业水准的重要标志。如果转场时空跳跃很大,而且没有交代清楚所发生的变化,观众便可以肯定他们看到的是低水平的作品。转场一定要清楚、明确,否则就起不到引导观众跟上时空变化的目的。

5. 一定要制订脚本计划

有些作者不喜欢制订脚本计划,他们提笔就写,甚至不明确手下的笔将把自己引向何方。没有计划的写作或许适用于小说家,但电视剧创作者如果没有写作计划,那么,到最后放笔的时候,他们或许会发现自己写出的东西根本就不是剧。电视制片人阿兰·阿尔默就写作计划的重要性曾做过这样的论述:"一般说来,在勾勒轮廓阶段就可以判断出大多数脚本的成功与失败。如果你根据精心设计的蓝图打下了坚固的基础,你的房子就不会倒塌。台词粗俗松散,你可重新润色;人物缺乏光彩,你可以为他们重新乔装打扮。然而,如果故事出现根本性错误,它的结果只能是失败。"

剧本创作计划没有固定的格式,其标准是适合个人的创作需要。计划中应清楚地写明你所设计的情节发展线索、剧中人的本质特征及主题思想,并说明你对所有场次和场景的设想和你打算运用的主要表现手法。计划必须书写清楚、观点明确,使别人能一目了然。

提前写出剧本创作计划,犹如为你的写作找了一个向导,它将为你指明到达目的地的方向。同时,制订计划的过程也是再次检验创作思想的过程。在这一过程中,你或许会发现一些以前没有注意的细节,及时纠正和加强这些地方可使你的创作更加完美。制订计划本身也是一个创作过程,在这一过程中,或许会萌发从未有过的新念头,从而为创作融入新的灵感。在脚本计划的制订过程中需要注意以下几方面内容:

(1)视点角度

在制订创作计划时,作者需要选择视点,视点决定电视剧的画面内容及拍摄角度,同时决定着将向观众揭示的内容。从这个意义上说,视点有时并非作者的主张或见解,如果不采用解说的方式,视点的选择并不是十分重要的事情;如果采取解说的方式,可有几种视点供选择:①能看到一切、了解一切的解说人的视点,即无所不知者的视点;②以主人公的视点作为解说人的视点;③以剧中某一个人物(除去焦点人物)的视点作为解说人的视点。

图7-10 《罗生门》

在上述几种视点角度中,无所不知者的视点角度是最容易掌握的,通过无所不知的解说人之口,作者可以根据剧情发展的需要随意泄露各种信息。以剧中某一人物的视点安排剧情常常会产生一定的局限性,当然,有时这种局限性会成为有利于剧作者的因素。比如在侦探片中,以一个次要人物的角度讲述故事,可以非常自然地将观众蒙在鼓里,让他们对大侦探的意图与方案捉摸不着,这无疑会加强故事的惊险性与神秘感。

总的说来,在一部剧中不可随意改变叙事的视点角度,以免破坏剧的整体感。但有时,视点角度的转移能够起到为故事增加某个侧面的作用。日本黑泽明的名作《罗生门》(见图7-10)以四个不同人物的视点叙述同一个事件,为我们做出了很成功的尝试。

(2)段落

电视剧与电影的最大区别在于,电影的放映一般是一气呵成的,而电视剧经常由于电视广告的插入及观众收看活动受到的干扰而被打断。为此,电视剧应有规律地出现一些相当于舞台幕一样的东西,将全剧分成若干段落。在制订脚本计划时,第一步是把剧本素材分成段落,并决定每一段落的结尾方式。

(3)场面

场面以时间或地点的转换为划分标准,即在同一时间或地点中展示的内容为一个场面,每一段落的场面可多可少。在计划中你应从这样几个方面进行描述:

①每一场面开始和结尾的方式;

②连接场面与场面的转场手段;

③每一场面的本质。

## 七、电视剧的改编

### 1. 改编者必须坚持两个原则

尽可能保持原作的精华和最大限度地适合新传媒的特征及需要。曾改编过400余部作品的美国剧作家威尔曾这样论述说:"如果要改编希尔顿的原作,改编者必须努力照希尔顿先生的风格去写作;要改编康拉德的作品,他或许应该穿上高筒靴子和油布雨衣;他的鹅毛笔应与马克·吐温一起大笑,与詹姆斯·巴里一起抿着嘴轻声地笑,应饱含奥尼尔的辛苦和迪肯斯的情趣。"有时,剧作者并不想完全忠实于某一原著,他们根据自己的构思与发明对原著进行了根本性的修改。这类剧本不能称作改编剧本,而应称为"根据……创作"。对于那些仅仅受某一原作启发而写成的作品,最好称其为"受……启发的作品"。著名作家王海鸰的小说就几次被改编成电视剧,如《中国式离婚》(见图7-11)。下面,我们着重讨论改编作品的原则与技巧。

图7-11 《中国式离婚》

### 2. 变化与改写

即使改编的目的仅仅是将原著的艺术感染力传达给观众,你仍会发现,你的大部分时间是用来改变原作的。虽然有时可以照搬原作的某些部分,但多数情况下,你是在缩短、延长,或将一种艺术形式转变成另一种艺术形式,甚至完全改写某一部分。

(1)缩写

在所有改编工作中,缩写占有最大的工作量。戏剧的特征之一是以比任何文字形式都多的时间描绘事件本身。有时,表现一事件所花的时间与该类事件实际发生的时间一样长。这就是说,一部电视剧所表现的纯内容量难与相当长度的短篇小说相匹配。在短短一个段落中,小说家可以驰骋几世纪,展示有成千上万人参加的场面,电视剧则很难有效地做到这一点。

(2) 删除

删除整个情节段是缩写手法之一,即为了缩短篇幅,删减那些并不影响故事完整性的情节段。但是,改编不能仅仅满足于整段的删除,而要全面构思以原作为基础的改写过程。在一部完整的戏剧或小说中,除了主要情节以外,还有一些细枝末节,后者经常是删除的对象。以易卜生的《玩偶》为例,该剧主要表现的是娜拉与其丈夫的关系,同时,剧中还有一些枝节性情节涉及兰克医生,这些枝节性情节对全剧起着烘托和渲染的作用,如果去掉这些情节,不会影响故事的完整性。与其将主要情节和枝节一起硬塞进有限的篇幅中,毋宁甩去枝节,集中而充分地表现主要情节。在删除枝节情节时,必须做到干净利索,不要留下丝毫涉及被删除情节的细节,以免搞乱观众视听。

(3) 删减或融合角色

为删除枝节情节,经常会砍掉一些人物角色,如电视剧《玩偶》中的兰克医生甚至没有出场。即使在没有删除情节的情况下,也可以精减人物角色,或将几个人物的内容集中于一个角色。在将莎士比亚戏剧移植为电视剧时,这种融合角色的手法非常有效,因为莎士比亚笔下的一些小人物经常担负着同样的责任。在改编类似《大卫·科波菲尔》这样百科全书般的作品时,你可以选取其中一个事件或一组事件来表现一个主题。

(4) 浓缩

在很多情况下,为了保持原著的连贯性,改编者必须保留一些情节,而原著所提供的有关材料又太多、太细,这时可以采取浓缩的手法,只把那些非有不可的部分保留下来。在决定取舍时,必须考虑两个问题:第一,观众希望看到什么,原著中哪些人物与情节最精彩?第二,原著中哪些材料最适合移植于电视剧这种表现形式?

(5) 移植

将一种文学形式转化为电视剧这种艺术形式的过程被称为移植,大多数改编离不开这一过程。将小说或故事改编成电视剧时,改编者经常需要将原著中的描述和叙述部分改成对话形式。以欧文的小说《睡谷传奇》为例,全书没有一处对话,只有两句自言自语。将这样一部著作改编成电视剧,需要做大量的对话移植工作。在对话移植过程中,改编者所面临的挑战是,既要将大量的信息汇于对话之中,又不能使对话听来有沉重、生硬和造作之感。改编剧本中的对话应与其他电视剧中的对话一样具有生活化与自然的特点。

(6) 把道白改为解说词

在将三幕话剧改编成电视短剧时,需要用与上述相反的手法,即将某些台词内容改用解说词的方式表达。与此同时,一些戏剧场面也要更改删除,只保留那些具有情感染力的场面。

(7) 关于布景、服饰、表情和动作

与文学形式相比,电视以视觉化的表现手段见长。文学家用几页纸描绘的内容或许被一个电视镜头就能表现得淋漓尽致。有时鉴于形象表现方式的明确性与经济性,原著某些描述部分显然必须改用视觉形象去表现。有些内容却没有明显表现出被移植的可能性,改编者必须特别注意这些内容,从而更为充分地利用电视视觉化的优势去设法改造它。

(8) 扩展

改编者有时会碰上需要对原作进行补充的情况,有的原著缺少背景材料,如有个故事《一桶白酒》,描写一个复仇的故事,却没有交代主人公如何与人结下怨仇,大多数改编者都认为应该将如此重要的背景材料加进电视剧本之中。有时,在删除原作某些材料的同时,改编者需要补充创作一个转场情节,以免造成空缺的感觉。例如在改编莎士比亚戏剧时,改编者时常会感到有责任补充一些与原作风格相一致的台词。然而,在进行严格意义的改编创作时,改编者不应该仅仅因为自以为能够改善原作而随意增加或删改原作的内容。

## 八、电视剧脚本写作的格式

### 1. 现场摄像式

导演应担负画面选择的主要责任。在一般情况下,作者在脚本中不必说明镜头拍摄要求,只需交代观众应该看到什么内容和效果即可。当然,如果作者有独特的想法,则有必要在脚本中加以说明。比如,在写到角色对白时,作者认为镜头应表现听者的反应,而不是讲话者的神情,可特别加以注明。作者还应交代场景的入画和出画,注明淡入、淡出等。

导演应于拍摄之前写出分镜头本,注明所要拍摄的画面和镜头。这些标志决定录像过程中各台摄像机的分工和配合。为了给导演留下标注的空间,作者应以半页纸的篇幅交代对白、演员名称、场景、音响效果及其他内容,将另外半页空白留给导演。除了脚本主体以外,作者还需专门列出标题和演员表,如果有必要,作者可写出剧本的故事梗概,简要介绍角色的情况,说明场景和音响、音乐效果的要求。

## 2. 观众现场观看式

有观众现场观看的电视节目脚本与现场摄像节目的脚本具有同样的要求,作者的任务是描述"将被看到的内容",而不必说明"将如何摄制"。同我们前面讲述的一样,这类节目的播出带也是根据几盘录制的带子编辑而成的。摄像之前,导演确定每台摄像机的拍摄角度。之后,摄像工作连续进行,脚本作者对摄像角度提出特殊要求是偶然的个别现象。尽管有现场观众的电视节目脚本与现场摄像脚本有着相似的作用和要求,但是,两者的格式却不一样。现场摄像脚本中需为导演留有一定的空白,有现场观众的电视节目脚本则不必这样做,因为在节目摄制之前,摄像机的位置已固定就绪。

## 3. 逐个镜头拍摄式

在写作用胶片拍摄的电视节目脚本时,作者必须说明各镜头拍摄的情况。作者不仅要说明每一幅画面的内容,而且应说明每一幅画面的拍摄方法。导演或许会对作者提供的镜头拍摄要求作出修改,增加或减少一些镜头。因此,用胶片摄制的电视片是编剧、导演及剪辑师合作的产品。

在用胶片拍摄的电视节目脚本中,编导需要对下列内容作出描述:镜头中的人物及外形要求、人物形体动作、台词或解说词、布景、摄影机与拍摄主体之间的距离及摄影角度等。摄影脚本大都在第一个镜头的左上方用大写字母标出"淡入"的字样,接着是镜头号、场景的说明(内景或外景)、时间(白天或黑夜)及布景的要求、出场人物、镜头种类等。然后,脚本应进一步详细阐明布景、人物动作及摄影机拍摄方法。人物的名称应标在台词的上方。如果一个镜头以叠化或淡入告终,脚本中应在该镜头说明的最后一行给予注明。如果没有具体的转场方式的说明,就意味着镜头切换,在1小时长度的影片中,脚本将列出并描述大约200多个相互分离的镜头。写拍摄脚本应留有扉页,注明人物名称、布景、音乐及音响效果。尽管数字技术已经十分发达,高清技术的应用已经很普遍,用胶片拍摄却未必完全过时,因为技术只是手段。

## 九、电视剧编导的时空结构设计和场面调度

影视是时间艺术和空间艺术的结合体,是采用空间形式的时间艺术。关于影视剧时空结构的设计,英国导演 A. J. 雷纳逊在《电影导演工作》一书中指出:"在实践中,电影设计可以是有形的或无形的,可以写成文字、画成草图和记下要点,也可以只存在于创作者的记忆里和想象中。两种方法各有利弊。有形的东西既可带来统一,也可造

成僵化;既可使你了如指掌,也可造成四平八稳;既有完整统一的一面,也有刻意求工的一面,而无形设计的结果却直接、亲切、自然一些,有生活感与运动感,然而也可能造成混乱、松散和杂乱无章。"这两种方法对导演都有指导作用。其实影视剧的时空设计就是为将来的影视作品搭架子,对故事情节的时间进程和空间活动的范围做出规划和安排。它是连接中的不连接,不连接中的连接;整体中的局部,局部中的整体,以达到有机的统一,使其更富于表现力。在现实中,人们只能在一个时空中展开行为和动作,而在影视剧中则可以构建两个或两个以上的时空,对于有想象力和创造性的导演来说,能否取得影视剧的成功,多重时空的设计和实现是个富于挑战性的考验。时空结构设计和场面调度在大型战争题材的电视剧中用得较多,比如《井冈山》(见图7-12)。

图 7-12 《井冈山》

场面调度是导演构成荧屏或银幕画面、赋予画面以形式美、刻画人物性格、揭示人物心理、渲染环境气氛、创造特殊意境的最重要的艺术手段,是影视编导的基本功。例如在一部法国和意大利合拍的电视影片《人人都可以入地狱》中,该片导演就借助场面调度有力地表现了女主人公复杂紧张的心情。这部电视影片叙述了这样的故事:一位母亲的小女儿被绑架后,她接到绑票者的来信,让她携带巨款去赎回孩子,逾期就要撕票。此时,母亲营救孩子的心情是可想而知的。接下去的镜头是母亲携带赎金驾车驶到郊区公路旁一个僻静处停下,正欲去寻找绑票者指定的地方时,恰巧又驶来一部汽车,在她的车旁停下。车主走下来问她是否需要帮助,这种热心肠的助人行动反而使女主人公感到厌烦,因为这时的她最怕别人打扰,但表面上还得向别人道谢。这一场面调度看似随意,实则是导演的精心设计。偶然的路遇,善意的助人,在特定情景中,却绷紧了女主人公的神经,起到了深刻揭示人物复杂的内心隐曲的作用。

## 十、电视剧导演的艺术风格

**1. 从小题材走向大社会**

赖淑君成名之作《凡人小事》便是从小事题材入手的,其原作是短篇小说《绣花床单》。

今天恐怕不会再有一个导演从凡人小事上做文章,他们的视角从身边的小事开始放眼到人们关心的社会问题,题材越做越大,视角越来越广,这是导演们社会责任感的标志,也反映了导演整体素质的提高。如,反映中国共产党诞生的《日出东方》、反映中国革命和工农红军前仆后继的《长征》、反映当代军人生活的《和平年代》、反映反腐倡廉的《苍天在上》、反映香港百年变迁的《香港的故事》,视角更加开阔,视野更加宏大。

**2. 塑造个性又塑造群体**

从20世纪90年代风靡一时的港产商战剧和警匪剧,到如今的内地行业剧、古玩剧等,一系列电视剧成功的秘诀首推编剧和导演在人物形象上的精心塑造。每一部电视剧建构一个庞大复杂的人物关系谱系,人物错综复杂却关联紧密。那么,如何设置人物形象呢?这就是说,不仅要重点考虑主要人物形象的塑造,还要讲究"上下左右周边"关系网上人物形象的设置。从个体品质到群体品质的塑造与展现,这是当下电视剧创作对于社会生活和人物形象塑造层面的新要求,也是当下电视剧区别于其他类型剧种的一种新探索。

**3. 从梦幻世界回到百姓人间**

电视剧作为大众艺术和家庭艺术,更关心老百姓的喜怒哀乐、悲欢离合,如《渴望》《党员二愣妈》,表现新时期爱情观念和伦理关系的佳作《牵手》《姐妹》《难舍真情》《不说再见》《幸福像花儿一样》,表现当代城市生活中另一类人群的《民工》等,这些老百姓身边的故事题材引起了电视剧导演的关注,关注方向从梦幻世界回到了百姓人间。

**4. 从形式风格的单一到多样**

在表演风格上,从过去清一色的正剧到目前各种形式和流派的喜剧、诙谐剧,各种表演风格都有人在尝试;在语言风格上,从通俗到唯美都有所表现,如有因语言诗化华美被称为中国的莎士比亚剧的《大明宫词》,也有具有市民风格的《我爱我家》,王朔式语言诙谐的《编辑部的故事》,融入当代大量网络语言特征的《家有儿女》,具有好看好玩特征的古装喜剧《宰相刘罗锅》《铁齿铜牙纪晓岚》《济公外传》《还珠格格》《武林外传》《青天衙门》等，还出现了表现各类青年男女爱情和事业的青春偶像剧《青年毛泽东》《恰同学少年》，革命历史题材的谍战剧《北平无战事》《伪装者》，制作精良的、由网络小说改编而来的古装剧《琅琊榜》《芈月传》《花千骨》，等等，真可谓风格多样、流派纷呈。

**经典解读**

由周梅森编剧，李路执导，陆毅、张丰毅、吴刚、许亚军等老中青演员出演的检察题材反腐电视剧《人民的名义》（见图7-13）讲述了反贪总局侦查处突击调查某官员贪腐，牵扯出一个大省的"半壁江山"都陷入贪腐，甚至涉及贪腐官员官至高层的故事。把现实的复杂性摊开来说，是这部剧的一个亮点。看惯了美剧、英剧里复杂的人性和剧情，年轻观众已经很难喜欢传统主题剧脸谱化的人物形象和关系。《人民的名义》不仅减少了脸谱化，更逼真细致地还原了官场生态和反腐行动，让以往对这一领域敬而远之的年轻人可以一探究竟。年轻观众对达康书记追求GDP的各种演绎、对侯局长拦车拘捕官夫人的点赞、对大风厂拆迁中各方角色的热议，其实也是对政治去神秘化和民生纠结求索的过程。在反腐的主题下，培养和凝聚着一种重塑未来社会生态的基本共识。《人民的名义》以反腐倡廉这个时代主题为创作背景与现实题材，切合发展潮流与人民期待，实现了真正意义上与时代和人民的"同呼吸、共命运、心连心"，这无疑为当下的影视剧改革与创新带来了更多的启迪意义：只有紧扣时代主题，只有关注现实生活，只有立足人民所需，才能创作出有筋骨、有道德、有温度的优秀作品。文艺创作只有反映时代精神和人民关切，才有恒久的生命力。这部作品也使反腐剧在阔别市场多年后，重新成为社会关注的焦点，给当前浮躁的剧作领域注入了一针清醒剂：作为创意产业，电视剧应以"内容为王"，靠动人的故事和演员精湛的表演取胜。

图7-13 《人民的名义》

**实训要求**

1. 观摩电视剧名片。

2. 策划电视剧的故事梗概并在老师指导下进行拍摄。

**作业**

1. 写几篇观摩电视片的观后感。

2. 写作一部多集电视片分集大纲。

3. 参与拍摄一部电视剧的全过程。

**实践作业要求和实施步骤**

1. 到某个影视基地参观剧组拍摄现场;

2. 组织剧组创作拍摄一部电视剧。

(工具:摄像机、移动轨道、灯光设备、音响设备、反光片等。)

**习作点评**

某院校表演系、制作系师生合作摄制的电视剧《梦想花开》之镜头精选(见图7-14)。

图7-14 《梦想花开》

**点评**

这是一部表现大学生校园生活的电视剧,与当代大学生生活非常接近,师生之间、同学之间及大学生与家长之间的日常故事,平凡却亲切,由同学们自己创作、拍摄、制作完成,是一次难得的实训机会。片子也有些出彩的地方,表现出青年人富于想象和敢说敢为的形象。

**参考资料**

1. 李胜利,肖惊鸿.历史题材电视剧研究[M].北京:中国传媒大学出版社,2006.

2. 王伟国.电视剧策划艺术论[M].北京:中国传媒大学出版社,2006.

3. 高福安,张明智,宋培义.电视剧制片管理艺术[M].北京:中国传媒大学出版社,2006.

# 学习单元八

# 电视广告的创意与编导

一、电视广告的概念
二、电视广告的特点和优势
三、电视广告编导的工作流程及业务要求
四、中国优秀广告导演扫描

### 学习目标

- 电视广告是影视艺术中对人们生活影响最大的一个板块，是对人们的消费观念和生活形态进行引导的重要形式，是影视教学的一个有机组成部分。本单元要求学生了解电视广告的创意与编导的基本知识和要求。
- 基本掌握电视广告从创意到后期制作的各种编导手段和技能。

## 一、电视广告的概念

电视广告是用电视制作手段来拍摄的广告,是通过电视台播放的有形、有色、有声、有时空的电波广告。大多数电视广告是商业广告,它又分为商品广告和形象广告(包括企业形象广告、品牌形象广告)两类。前者的目的是推销商品,后者的目的是推销企业理念,树立和强化品牌形象,增强公众的认知度和忠诚度,增强产品的竞争力,提高它的市场份额。

## 二、电视广告的特点和优势

首先,由于电视的普及、频道的增多以及人们观看电视时间的增加,电视广告俨然成为人们生活中不可或缺的组成部分。其次,电视广告能够综合视听两方面的优势,运用各种手法将画面与声音、静态与动态交融使用,声形并茂,使广告感染力、说服力大大增强。同时,电视广告具有造梦功能和引导效果,以一种更为感性的诉求方式让受众具体直观地感受到一种不俗的生活情调与情感氛围,能够深深地击中受众的内心深处。

## 三、电视广告编导的工作流程及业务要求

1. 电视广告编导的工作流程

电视广告编导的工作流程贯穿从负责策划创意和艺术设计,到指导拍摄过程与后期制作至创作完成的全过程,主要肩负电视广告策划人和电视广告导演的职责,即是广告创意和表现原则的制定者、广告摄制的把关人、广告前期文案和分镜头脚本的编写者、广告摄制过程和后期合成的指挥者。

2. 广告策划

广告策划包括七项内容:

(1) 确定广告目标

广告目标的内容包括传达企业品牌内涵和价值观,提高品牌知名度和影响力;促进企业销售业绩的增长,吸引更多的加盟商,提高品牌价值;通过广告带给目标消费群体对企业新的认知,激起消费者的购买欲望;提高老顾客对企业品牌的忠诚度,扩大目标市场占有率。

(2) 传达内容

社会信息化水准不断提高,使人类变得耳聪目明。广告作为重要的信息传播途径,传达内容从政治宣传、商业信息、社会公益,到普法教育、环境保护等极其广泛的方面,为人类社会的全面发展做出了贡献。

(3) 确定诉求对象

企业的目标人群主要为产品的消费群体。随着市场经济体系由卖方市场向买方市场的转变,产品的广告诉求信息开始围绕消费者运行。因而广大的消费者就是广告策划的诉求对象。由于消费者的生活观念和心理状态在生存环境及社会的进程中不断变化,而这种变化又直接影响着消费者对广告视觉传达信息认知程度的变化。因此,广告视觉传达策划应从消费者的角度出发,在准确把握其消费心理的情况下,为其塑造出美好的消费心理境界。

消费者是广告的受众(即诉求对象),是潜在的顾客,为他们提供所需要的商品信息是广告视觉传达的切入点。因此,为消费者"量体裁衣",满足不同性别、年龄、工作、地域等消费群体的需要,将广告视觉传达建立在全面、细致的调查研究基础之上,是广告策划的前提。

(4) 选择媒体

一般来讲,选择广告媒体要从企业或商品的特点和促销目标出发,选择覆盖面广、传播速度快、直接接触目标市场、节省广告成本、能获得最佳促销效益的广告媒体。因为不同的广告媒体有不同的特点,选择时要考虑四个方面的因素:一要考虑目标市场,要根据目标市场范围,选择覆盖面与之适应的媒体。如,要开拓区域市场,可选择地方报纸、电台、电视台;如果要提高在全国的知名度,则宜选择全国性的媒体。二要考虑广告商品的特性,由于商品的性质、性能、用途不同,宜选择不同的广告媒体。例如,对于生活用品,可选用电视、广播或进行家庭走访的广告方式;对于专业技术性强的机械设备等,则宜利用专业性报纸杂志,或邮寄广告的形式,以便更直接地接触广告对象。三要考虑媒体性质,主要是考虑媒体本身的流通性、时间性、覆盖面和表现力等。四要考虑媒体的成本,不同媒体费用不同,同一媒体不同的广告时间、位置,费用也会不同。

企业在选择时要根据自身财力和对广告效果的预期来选择适宜的媒体。

(5)选择时机

广告时机的选择,是广告策划的重要内容,也是媒体选择程序中的重要步骤。实际上,广告宣传是一种有计划、有目的的活动,而且对于选择什么时机做广告也有很大的学问。一般来说,选择时机要注意以下六个"要":要有整体观念、要服从市场的变化、要根据竞争对手而定、要随季节变化而变化、要随产品周期的发展而变化、要符合人的心理规律。

(6)选择地域

广告地域的选择,要充分考虑广告环境。广告环境对广告主来说是一个不可控的因素,对广告起着极大的制约作用和导向作用。广告环境主要包括自然环境、国际环境、产业环境、企业环境和商品环境等。

自然环境主要指气候、季节、节气等自然因素,这些因素会影响到许多商品的销售及广告宣传。例如空调、啤酒、冷饮、时令糕点等商品,如果在自然环境不理想的地方发布广告,是没有多少价值的,只能造成浪费;又例如,在海南做暖气设备广告,显然不合"地利"。所以,自然环境是制约商业广告发布的重要因素之一。

国际环境:各国的贸易政策、经济发展水平、文化风俗习惯、较大的政治活动等,都必须作为选择广告区域的重要参考因素。例如,用猪肉制成的火腿肠广告就不能在伊斯兰国家和地区发布,这样做非但不能带来经济效益,相反还会引起民族仇视。

产业环境关系到行业的竞争、投资的转移、产业的兴衰更替等,能否准确地把握这些因素,对企业广告地域的选择是很有影响的。把握得好,广告地域的选择成功,无疑会给企业带来营销上的成功。

企业环境主要指企业的社会地位、市场地位、竞争关系等。选择商业广告的发布地点,应充分分析这些因素,才能避实就虚,出奇制胜。

商品环境主要指商品的特性、生命周期、售后服务、消费者的购买习惯等因素。它对广告地域的选择也有影响。例如,某种在发达地区已淘汰的商品,在落后地区可能是先进的,若将广告在后者的地域中发布,就有可能取得预期的广告效益。

(7)选择表现方式

①陈述的表现方式

陈述的表现方式是广告表现中最基本的一种形式,它直接将品牌商品的特性作为传达的内容,从正面向消费者陈述,开门见山,直截了当地突出主题(见图8-1)。

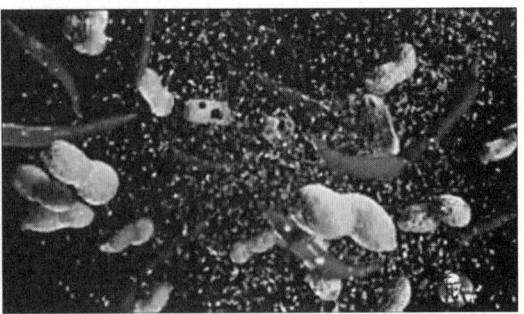

图 8-1　肯德基汉堡广告

②选用名人的表现方式

在广告表现中选用大众熟知或崇敬的社会名流、影视明星、体育明星等做模特,会使人感到亲切,从而对商品产生信任感(见图 8-2)。

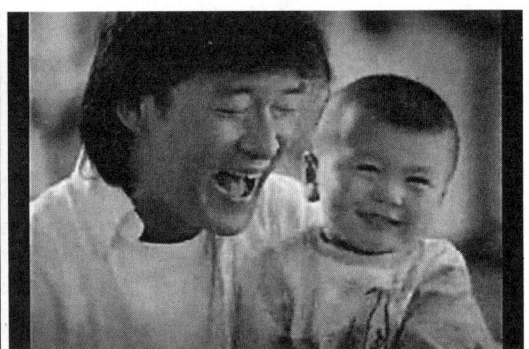

图 8-2　周华健代言的 999 感冒灵电视广告

③情节的表现方式

情节的表现方式主要是采用戏剧性的瞬间,以突出情节,一般多选择幽默风趣的戏剧性场面,以情动人(见图 8-3)。

图 8-3　M&M 豆 2013 年"真心话大冒险"广告

④夸张的表现方式

夸张是对所表现对象的某些特点加以夸大和强调,突出事物的本质特征,幽默夸张的广告构思新奇、立意独特。例如,步步高点读机广告以夸张的手法展示商品效果:凡点读笔点到的地方,动植物都会逼真地跳出来(见图8-4)。

图8-4 步步高点读机广告

⑤对比的表现方式

这种方式一般从商品的性能入手,以对比的手法塑造商品的特定形象,而通过对比,使消费者对新产品、新功能、新形象产生鲜明的印象,强调产品本身的优点,去对比其他同类商品的不足(见图8-5)。

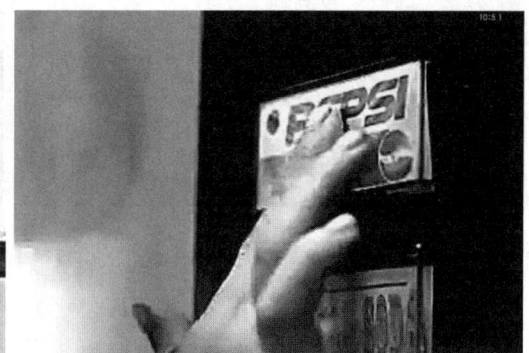

图8-5 百事可乐的对比广告

⑥超现实的表现方式

它是采用一种反常态的手法制造意想不到的效果,主观地表现出现实生活中不存在的离奇现象。例如,章子怡的系列VISA卡广告中频现餐馆里耍中国功夫、马路飞车等超现实的电影场景(见图8-6)。

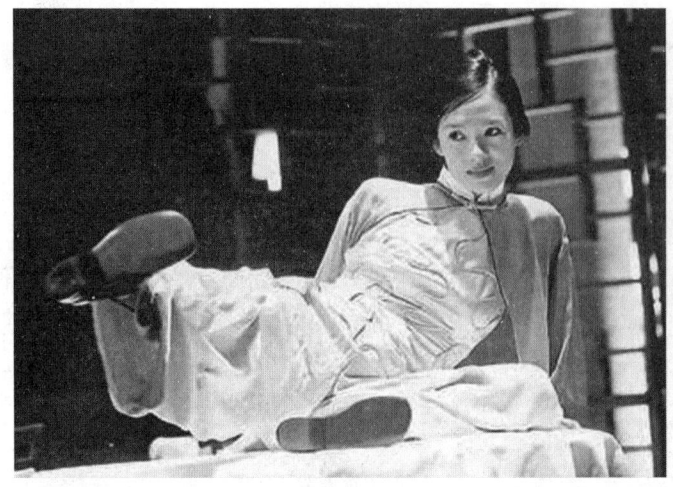

图 8-6　章子怡的系列 VISA 卡广告

⑦动画的表现方式

采用卡通、木偶和电脑动画等方式进行广告表现一般用于处理较为烦琐和抽象的广告内容,动画的手法可以使广告内容的表现更为生动、形象,通俗易懂(见图 8-7)。

图 8-7　黏土动画广告

⑧音乐的表现方式

音乐式广告又称歌谣式广告,主要有几种形式:将整个广告内容编成耳熟能详的歌曲;选用受众熟悉的歌曲,中间穿插广告念白;同一产品的系列广告以同一首歌作广告结尾(见图 8-8)。

图 8-8　华为品牌宣传广告，选用原创励志音乐《我的梦》

3. 广告创意

广告创意特指在广告艺术化作业阶段中为实现广告策划中的广告主题而采用的视觉化的"点子"，或者说是创造性思维意识。创意的原则有：

(1) 关联性

广告创意必须与广告产品、消费者、竞争者和促进销售相关联。创意的过程是对产品信息的编码过程。受众接收信息后，要经过自身的译码，在译码中产生联想和会意，使自己的经验、体会与商品信息结合在一起，才能达成沟通。创意把概念化的主题转化为视听符号，直观性强，为了产生多义性，创意时要符合相关性的要求。有些产品选用明星做广告，却没找到产品和明星之间的联系，缺乏相关性，当受众看了之后，记住了明星，却忘了主要信息——产品信息，这种创意无疑是失败的。

广告创意是寻找产品的特性与消费者的需求的个性的结合点，即找出产品能满足消费者需要的利益点。就目前而言，这种利益点可以分为理性利益点和感性利益点，其中理性利益点与产品的特性直接相关，比较容易找出，但当下，产品特性的同质化越来越厉害，在这点上很难出新。因此创意可以将重点放在感性利益点上，即在产品与情感之间寻找微妙的关联点，并以此增加消费者对产品的体验，强化记忆，加深品牌形象。

(2) 原创性

广告构思应不落俗套，新颖别致。在信息过剩的时代，我们缺少的是受众的注意力，因此广告之争实属注意力之争，也只有那些独创的信息和信息表现形式才有可能打破大众对信息麻木的甚至是拒绝的状态。某著名广告人曾说过："创意的本质就是挑战与众不同的看法；创意的魅力就是对一样的事物有新的看法，同时有不同的办法，永远都能找到新的角度谈旧的事情，并拥有新的爆发力和新的震撼力。"除此之外，我们提倡借鉴学习别人的优秀作品来激发自己的创意灵感，但不是模仿照搬，给人似曾相识的感觉，而是要超越，才可能更加卓越，更具有原创力。

### (3) 冲击力

广告创意要深入受众的心灵深处,要利用广告作品的沟通元素,包括富有哲理的广告语、图片、镜头技巧、音乐音响等给消费者造成强烈的视觉、听觉及心理上的冲击,从而留下深刻的印象。

例如,白加黑感冒片的电视广告:五彩缤纷的电视画面突然消失了,屏幕上一半黑一半白,而且信号极不稳定,此画面一下子引起了人们的注意:"怎么了,电视出毛病了?"正当你着急的时候,突然看到屏幕上出现了一行字——"感冒了,怎么办?你可选择白加黑的方法。"紧张的神经才松弛下来,而下面的广告信息已经乘机钻进你的头脑中:白天吃白片,不瞌睡;晚上吃黑片,睡得香。这则电视广告不但引人注意,而且给人印象深刻,其成功之处就在于出人意料,打破现状,很好地利用了电视媒体的特性,使人感到惊奇。

### (4) 实效性

要用有效的创意与消费者沟通,通过广告取得实实在在的效益,实现预期的广告目的。哗众取宠或耸人听闻的广告,与开拓市场、销售产品的广告创意实效性原则是相背离的。

### 4. 关于文案写作

由于电视广告包含声音和画面两个因素,因而电视广告编导的文案必须注意与画面的配合,即注意与画面的互补,以文案传达最重要的信息,信息的展开需与画面的进程一致,并且要少而精。

### 5. 对于电视广告编导的业务要求

由于电视广告有传播速度快、传播范围广、信息稍纵即逝等特点,它对广告编导的业务要求是多方面的,主要有:因为电视是视听合一的媒介,电视广告编导必须全面关注广告综合的视听互补的声画效果;由于它是一种非持久性媒介,编导还必须追求广告的即时效果,也就是要一次性到位;又由于它还是一种告知性媒介,这就决定了编导对于广告信息的内容及其诠释都必须十分简洁;如果是电视插播广告,编导还要注意设法化解和减少观众的抵触情绪,并努力配合观众的休息和娱乐需求。而在电视广告的摄制和后期合成过程中,编导则主要负责艺术监制,即向摄制人员解释创意意图,调整和完善创意的执行,为摄制的艺术质量把关,并负责后期的剪辑合成,成为摄制人员的核心和整个摄制、后期合成过程的总指挥。

## 四、中国优秀广告导演扫描

1. 高小龙

主要经历：1965年生于西安，1983年高中毕业，1986年担任西安电影制片厂导演室场记、副导演。1991年在深圳万科文化传播有限公司任导演、摄影、创作主管；1994年与人合组深圳众人广告传播有限公司，任导演、创作总监，兼任北京视点数码制作有限公司创作总监；1999年自组高小龙影视广告制作有限公司及广州高小龙导演工作室。

主要作品：《中国联通"天坛"篇》《中国平安保险"形象"篇》《怡宝纯净水"邂逅"篇》《万科金色家园"我的爸爸妈妈"篇》《中国联通"旅游"篇》《2008年奥运会宣传片》。

2. 孙周

主要经历：1986年毕业于北京电影学院导演系导演进修班。曾任山东电视台摄影、编导，珠江电影制片公司导演，广东三九广告传播公司导演、创作总监，《新周刊》杂志社策划指导。1999年组建广东三九影业有限公司并任总经理。

主要广告作品：《IBM系列电子商务》《三九药业系列广告》《奥妮皂角洗发浸膏》等。

3. 李耕

主要经历：1957年生于宁夏，1982年毕业于北京电影学院美术系动画导演专业。北京盛天亚广告有限公司董事、总经理、总导演、创意总监，北京电影学院动画学院客座教授，是从业二十多年的资深广告人。

主要广告作品：《春都火腿肠》《雄起酒》《奥得利》《浙江卫视形象篇》等。

4. 苏夏

主要经历：出生于广西，1988年中国美术学院本科毕业。1997年成立苏夏映画工作室，1999年成立泓一广告传播有限公司并任总经理兼创作总监。

主要广告作品：《星河音响》《步步高无绳电话——尴尬篇》《步步高无绳电话——邮差篇》《矮将军液体电蚊香——肥佬篇》《海南航空——云篇》《服食摇头丸，险过剃头》。

### 5. 李慰然

主要经历：出生于云南省昆明市，毕业于北京电影学院导演系。

主要广告作品：《别人的孩子篇》《随时篇》《Balabala》。

### 6. 王鸿海

1992年开始从事影视广告导演工作至今。作为一位中国的影视广告导演，王鸿海在这个特殊的充满神奇魅力的影像园地里耕耘多年。王鸿海善于运用传统和现代高科技相结合的手段创造出奇特、绚丽的广告影像世界。广告作品有：秦池系列、燕京啤酒、中国石化、红领西服、创维电视、力帆摩托、亲亲八宝粥、生态美系列、澳柯玛掌上电脑、金长城电脑等。

### 7. 曾念平

毕业于北京电影学院。作为电影师，其所拍摄的作品多次在国内外获奖；作为电视广告导演，有广告作品五十余部，获得各种奖项十余次；作为电影人，其广告作品故事性、戏剧性强，诙谐，有丰富的想象力。广告作品有：绿得八宝粥、雅马哈电子琴、沱牌曲酒、联想电脑、日本佳能复印机、南孚电池等。

### 8. 郑华

1988年开始从事电视广告的摄影及导演工作。早期在广州白马广告公司参与"太阳神""高富力"等广告创意及制作，此后导演和摄制了数百支广告片。擅长情感及幽默广告，能将各种广告制作技巧巧妙地运用于广告片中，注重细节的挖掘，强调要为每支广告片从形式到内容"找到说法"。服务的主要客户有：陈李济药业、丽珠得乐、三株药业、三九药业、西安杨森、美菱电器、TCL、美的电器、熊猫集团、格力电器等。

### 9. 王晓峰

1990年接拍第一支电视广告（长春一汽），由此进入影视广告行业；1992年于长春创办第一家影视广告公司，该公司在5年时间里成为最具影响力的影视广告机构；1997年于北京创办艺格创想广告公司至今。作品有鄂尔多斯系列广告、日月星蛋白质粉刘国梁篇、汇仁肾宝功能篇、汇仁乌鸡白凤丸女人篇、海尔高清电视演示篇、天士力复方丹参滴丸救心篇等。作品风格单纯、简约、广告性强，注重影像的感染力。

### 10. 吕贤

毕业于广西艺术学院，曾任珠江电影制片公司电影美术。1989年开始从事影视广告美术指导工作至今。广告作品有 IBM、TCL(空调)、步步高复读机外教篇、君悦音响、阳光 100(房地产)、爱登堡服饰、大印象减肥茶、蓝带啤酒等。

11. 邱生

毕业于北京电影学院美术系,毕业后一直从事专业电影美术设计职业。作品有红牛饮料、海尔空调、东芝电视、澳柯玛燃具及热水器、海尔手机、松下手机、东芝梦剧场彩电、金正无绳电话、芬达饮料、卡夫、西瓜霜、NEC 手机等。

**经典解读**

1. NIKE 系列广告

"NIKE"作为知名的运动品牌,在其成功的道路上,广告起到了很大的作用。"NIKE 系列广告"(见图 8-9)就同它的产品一样,非常注重品质,屡次在国际权威的广告节上获得大奖。"NIKE"的品牌塑造主要采用了以下手段:首先,借助名人广告优势获得品牌的确立。1985 年以后的 8 年中,它就是借助了乔丹的形象优势使其运动鞋销量占据了美国市场的三分之一。其次,它的每次广告都借助一个小故事将其产品托出,构思奇妙。再次,它重视宣传一种精神、一种无形资产,使其取得了一种"品位"。最后,它始终保持着一致的原则,这使其一直给顾客以满意的熟悉的品牌信息。

图 8-9 NIKE 系列广告

作为优秀的品牌广告,"NIKE 系列广告"的这些手段和策略都不无借鉴价值。

2. 汇源"幸福枫景"楼盘广告

汇源"幸福枫景"楼盘广告不是电视广告片,但它的图像和文字是非常适合用电视广告表现的:第一个镜头是一条充满记忆感的老街,文案是"6 月 22 日,你在哪里?"

可谓"寻找篇"。第二个镜头是一棵盛夏里的绿树,文案是"今年初夏,你应该来看我"。可谓"等待篇"。第三个镜头是盛夏里的那棵绿树下立着一位穿着白色连衣裙的女子,一副欣喜地拥抱美好生活的姿态,文案是"闪亮的日子,热爱的理由终于说出口。今日,汇源'幸福枫景'公开发售"。可谓"实现篇"。汇源"幸福枫景"楼盘广告文案如同恋人的絮语,画面也缠绵有加,非常有感染力(见图8-10)。

图8-10 汇源"幸福枫景"楼盘广告

3. 德芙巧克力2017年新年广告

德芙(Dove)巧克力2017年新年广告的女主角由新一任"德芙女孩"关晓彤担任,演绎了一个用德芙巧克力表达爱意的母女团聚的温情故事。中国人含蓄内敛的情感表达方式总是让他们把爱与真情隐藏在心底,特别是对自己的父母亲。如今,随着越来越多的年轻人外出打拼,这种情感上的失联在春节这个团聚的日子里尤为清晰。这支名为《年年得福》的广告作品通过回家、离别、拥抱及思念四个场景串起故事线,将春节的意义反映在母亲和女儿书写"福"字,并拿起德芙巧克力预祝"年年得福"的时刻,而这个时刻也成为她们一年一度不变的传统。品牌希望借助这样的温情故事引起观众的共鸣:在春节期间回家多多陪伴父母,带去一份温情。整支广告通过关晓彤表现的"德芙女孩"将家庭和春节以一个"福"字串联起来,以此打造独特的巧克力春节贺福新形象(见图8-11)。

图8-11 德芙2017年新年广告

4. 万科金色家园广告《我的爸爸妈妈篇》

广告影片的情节是这样的:两个素不相识的年轻人在唱片店里挑选唱片,他们不约而同地将手伸向同一张唱片,从此相恋。他们在一套新房里共同营造爱的小屋,结婚的Party上洋溢着年轻人的喜悦与欢畅,不久,"我"在这里出生。最后出现广告词:"在这里,我们很幸福!"随后是万科金色家园的信息。

这个广告风格独特,暗灰的影调大度而又沉静,让人能像看电影一样用心地去体会广告的故事与情节。画面抒情而优美,展现了人们生活中最美好的片段与心情(见图8-12)。

**图8-12　万科金色家园广告《我的爸爸妈妈篇》**

5.《车为人设计》广告

这是戛纳影展上的一则获奖广告片(见图8-13)。画面展现了不同的道路:停车场附近、十字路口、城市立交桥等,路上没有一辆汽车,只有人在路上慢跑或者驻足。广告词出现之后,我们才明白,这是一则汽车广告。广告词的意思是:车是为人设计的,厂家完全把人放在第一位,而制造汽车的条条框框都已经被淡化。

**图8-13　《车为人设计》广告画面**

### 6. 英国 BBC 电视台片头广告 One Life

这个短短的片头广告(见图 8-14)用倒叙的手法讲述了一个人的一生。从老年到中年,再到年轻的父亲、轻松的少年,"One Life"的第一个字母"O"始终用红色显示,套在不同阶段的主角头上,配着卡兰德罗式的音乐,呈现出希腊导演安哲罗普洛斯电影的哲学氛围。

图 8-14　*One Life* 广告画面

**实训要求**

1. 了解现代电视广告的工作流程及编导要求。
2. 学会用各种编导手段策划并制作完成一则电视广告。

**作业**

1. 书面作业:试谈谈电视广告编导的主要工作职责有哪些。
2. 实训作业:在老师的指导下分析一则经典广告并制作一个电视广告片。

**实践作业要求和实施步骤**

先写好文案,再写分镜头脚本,然后拍摄、剪辑,再进行后期制作,最后完成广告片。

(工具:高清数字摄影机、弧形轨道、反光片、照明器具等。)

**习作点评**

某院校 2005 级节目制作系学生石磊于 2006 年参加"亚太地区《台湾时报》金犊奖广告大赛"的广告作品《104 人力银行篇》(见图 8-15),该作品获得大赛入围奖。

**图 8-15 《104人力银行篇》广告画面**

**点评**：该作品属于形象广告的范畴,旨在宣传"104人力银行"的服务理念,它通过古装人物视觉画面的造梦功能,配合人物对话使声画效果结合起来,旨在揭示"104人力银行"这一金融企业的服务理念。该电视广告以其画面语言的新奇感给人留下了深刻的印象。

**参考资料**

1. 周星,谭政.影视欣赏[M].北京:高等教育出版社,2004.
2. 蒋旭峰,杜骏飞.广告策划与创意[M].北京:中国人民大学出版社,2006.
3. 丁柏铨.广告文案写作教程[M].上海:复旦大学出版社,2005.

## 学习单元九

# 电视动画片的创意与编导

一、动画剧本
二、动画镜头的视觉想象
三、人物设定和色彩设定
四、创作动画脚本故事构思的一般技巧和规范
五、动画导演的职能概述
六、导演阐述
七、执行导演
八、动画片的制作流程

**学习目标**
- 基本掌握电视动画片的策划、创意和编剧技能。
- 初步掌握动画片的角色设定和故事构思技巧。
- 了解动画导演的职能,学会写作"导演阐述"。

## 一、动画剧本

**1. 剧本:创作的前提**

剧本是对整个电视动画片故事的描述,它包括对场景的描述和场景中角色表演、角色对白的描述。动画片的剧本与真人片的剧本稍有不同,真人片在拍摄时比较遵循于剧本的描述,一般剧本上描述的是什么,在影片中看到的就是什么。而动画片的剧本主要是对每个情节的计划,有时写得并不十分细致,主要是为了让设计人员有更多的想象空间和发挥空间。

创作剧本的时候首先要有好的开端,开端可以是一句话,也可以是两个字,比如通过"爱情"两个字就可以想象到是什么样的爱情,初恋、热恋还是黄昏恋,然后就可以从角色入手进行创作了。也可以以简述一个故事开始进行创作,不要太啰唆或者反复叙述相同的事情,开始不需要有太多的形容词和装饰性词语,不要写得太复杂,只要能说明白故事即可。

**2. 动画剧本的创意与写作**

"没有你做不到的,只有你想不到的。"由此,我们提出了动画写作的一个概念——创意。所谓创意就是想象和想法要与众不同,一定要学会脚踏实地地行走和天马行空地飞翔。"行走"就是要吸取好的东西和学习优秀的思维与想法,而"飞翔"就是有了良好的基础之后要放开思想,随心所欲地去想象。动画剧本的创意特别需要幻想和想象。

(1)动画剧本写作的步骤

第一步,要有一个基本的包含浓缩的完整故事的构思,并且标明故事的主角以及故事的过程:冲突—发展—结局。

第二步,将上述提到的基本故事构成扩展成一个叙事大纲,其中含有大量的细节,并且有明确的故事发展情节。

第三步,整理出分场提纲,即影片逐场叙事提纲,它允许作者控制节奏和速度。

第四步,完成剧本初稿,接着是第二稿,直到最后定稿。大约每分钟一张稿纸。

(2)动画的故事一般由三个部分组成

开端:开端引出问题,即吸引我们的注意力,通过制造紧张引起我们对故事未来发展的期待心理,使我们融入将要发生的故事当中。通过这种简单的引导,我们认识了主要人物并卷入他们的纠葛中,理解了故事发展的必要背景。我们被引入影片虚构的世界以及它的样式、基调和氛围当中,也熟悉了影片的主要冲突和问题——它们引发了故事并让我们始终为其牵肠挂肚。

中部:中部发展故事,即在上述的基础上保持并加深我们对故事的兴趣,我们会随着一系列错综复杂的故事、危机、冲突、副剧情以及类似的困难增强期待,同时对能否解决问题表示怀疑。

结尾:结尾解决问题,就是故事及其问题、冲突的解决,包括故事的高潮,有时也包括收场,收场就是对次要线索作一个了结,解除我们的紧张感,同时结束我们的审美体验,从而给整个故事画上一个完满的句号。这样看来,一部完整的片子,除了艺术技巧之外,更能够打动观众的是故事的框架。剧作者从基本的故事入手,通过中间的演化、渲染,将它们撰写成一个个美丽的故事。

(3)编写好的动画剧本需注意的四大要素

①剧本的画面安排

好的动画剧本来自好的动画编剧,而好的动画编剧在画面的安排上要紧跟着故事的发展,并且一定要懂得动画的整个制作流程,甚至对动画的一些相关的技巧与工具也要非常熟悉,这样才能制作出适合动画人员发挥的剧本。因为传统的剧本着重于故事与对白,而动画的剧本则侧重于画面表现,最好是能将画面中所希望呈现的感觉与动作以及处理方式与镜头都写进去。

②用简单的故事描述复杂的剧情

在如今的市场需求上,传统的故事铺陈似乎和我们变得遥远起来,因为现在消费者的消费观念是"花钱买开心",在学习工作之余想彻彻底底地放松一把,所以没有哪个观众喜欢复杂的故事情节,复杂的情节不但给观众造成了极大的心理负担,而且丝毫没有趣味性可言。

很明显,简单的故事成了动画的绝对要素,如何用简单的故事来体现动画的趣味性更是一个重要的课题,而更重要的是,要明白我们创作剧本是面对所有欣赏动画的人,而不是单纯地满足自己的欲望。

过去的高成本、大制作这几年已不复见,创作者更注重的是动画片有多有趣、多好玩,这就是典型的以简单故事描述复杂的剧情。例如,电影《史瑞克》,它的剧情就是单纯地救公主,但它的剧情不断地给观众带来思考模式上的冲击,许多观众在看完该片后对其简单有趣的故事情节大加赞赏。其实这样的剧本就是最好的动画剧本,让观众获得他们想要的剧情,却不用复杂的故事包装,这才是动画编剧的最高境界。

③剧本的市场价值

我们先来看美国动画片中的"超人"和日本动画片中的"变身"和"法宝"两组例子:美国片的"超人"是现实生活中不存在的形象,没有时空的背景与时间的限制性,是一个永远的形像,他万夫莫敌,在孩子们心中留下了深刻的印象,就是这种现实生活中没有的形象,大大提升了其衍生商品在货架上被孩子们选取的机会。而日本片中的"变身"和"法宝",是用一再重复的手法,收到了很好的效果,从早期的变形金刚到现在的游戏王、神奇宝贝等都是这样。对于孩子们自己也能将玩具变成神奇的宝贝这样的想象,就是一再重复"变身"和"法宝"所达到的深入儿童心的效果,这也是其衍生品市场化的关键。剧本的市场价值就是它所能带出来的商业效益,而动画片放映的最大商业效益是衍生品而不是常说的票房,这是所有动画人都清楚的。

④剧本的黄金比例

"黄金比例"的存在与否是一个争论不休的话题,从理论上来说,这种完美的比例是不存在的,但是从优秀的动画片中我们发现还真有一些相通的地方。"爱情、友情、智慧、勇气与运气"不仅构成了好的动画剧本的题材要点,而且在优秀的影视片中也扮演着经久不衰的角色。在爱情、友情的大主题下,智慧、勇气、运气在其中起到衔接的作用。

要完成好的动画剧本,上述几个方面是需注意的基本要素,因为好的动画剧本是产生在好的创意和规范的编写过程中的。需要特别强调的是,不论编剧或是导演都应当积极配合制片人的市场规划来设计创意,设计出来的创意不能天马行空,而是要充分考虑有无成熟的技术配合和市场效益的回收。

## 二、动画镜头的视觉想象

电脑三维建模技术成熟之前,电影摄影的镜头语言从来没有直接进入过动画创作,镜头语言是靠创作者视觉思维想象先行设定后再绘制而成的。这样的镜头视觉思维想象在动画创作中永远不能被取代,因为它和动画创作视觉思维主导方式紧密相连。

三维建模之后，镜头语言的运用才增加了更直接、更主动的选择方式，更像电影摄影艺术现场拍摄(可以称为虚拟现场拍摄)。可以说，动画的镜头视觉思维想象多了镜头直接取景这个部分。于是动画的镜头视觉思维想象就更加活跃和丰富了。

动画镜头的视觉想象，大概经历了三个阶段：

第一阶段，传统动画作品无论是动画片还是连环系列漫画，注重的都是绘画艺术的感染力。如果说有涉及镜头语言的话，那也是选择最简单的。虽然不是拒绝，但也几乎是不追求镜头语言的变化。无论是在角度、光线、画面取景、镜头的运动和剪接方面，都是如此(中国20世纪中期的连环漫画尤其如此。)

第二阶段，运用电影语言。随着电影艺术突飞猛进成为21世纪艺术王冠上的钻石，动画制作开始进入积极运用电影语言的阶段。动画作品电影语言的运用越来越影响着动画作品。在这方面成就最突出的是日本动画大师宫崎骏。他在电影语言方面的出色天赋使他的作品在动画作品电影化的时代趋势中脱颖而出，高于"动画王国"日本的众多作品，他也成为受全世界同行和观众尊敬和欣赏的国际级动画大师。

第三阶段，丰富和引领电影语言的发展。21世纪到来之后，越来越多的迹象表明，动画创作将丰富和引领电影语言的发展和进步。先后出现了从《千与千寻》到《功夫熊猫》，从《超级鼠》到《冰河时代3》《驯龙高手》等众多成功之作。动画在飞翔的想象力主导下，表现出在特技运用、虚拟人物和空间设定等方面的优势，引领和丰富着电影制作技术的发展。此外，影片《阿凡达》的出现带来了视觉惊艳，让人们在惊讶感叹的同时产生了深深的思索。由此，人类视觉思维从以防守型的平面扫视为主(占70%以上)，向开发型的上下求索和探索型的宏观微观方向发展。

电影《阿凡达》和游戏《魔兽3》的出现标志着动画技术打响了21世纪电影视觉革命的信号枪。随着科学技术的飞速进步和自信心的不断加强，人类的视觉思维日趋活跃，呈现出从单维向多维、从简单向复杂、从防守向进攻乃至出现爆炸型发展的趋势。人类的视觉思维想象在日趋成熟的三维成像、4G传输、宏观宇宙和纳米尺度的领域中驰骋着。一场在世纪地平线上悄悄开始的视觉革命必将迅猛地席卷全球视觉艺术领域，不理解这场革命的创作者必将被新一代观众和市场淘汰。

## 三、人物设定和色彩设定

### 1. 人物设定

动画作品的人物设定就像电影或电视剧拍摄前的演员选择一样，十分重要。它取决于画家手中的画笔和电脑软件,但其前提是编导构思过程中故事情节的需要,人物的设定需注意视觉化、性格化和动作化,更要使其与特定的环境相配合,与其设置的事件和矛盾相纠缠,主要人物尤其要进入事件矛盾的核心,才有趣、有戏、好看,才有艺术的魅力。

动画人物设定与剧情的关系有以下几个方面:

其一,剧情的背景资料限定了人物设定的风格特征。

其二,剧情决定了人物角色存在的空间。角色离不开一定的动画时空关系。时空关系包括时间性的历史时期、年代,甚至一天中的早、中、晚;还包括空间性的太空、地域、国家,甚至是更为具体化的生活场景。动画的时空决定了人物角色的容貌、体形、服装、发型、道具等造型元素。

其三,剧情决定了人物的个性特征。通过剧情发展,人物的性格、脾气、禀性、气质、生活背景等个性特征会一一体现出来,这些都直接影响人物造型。

其四,剧情决定了人物的戏剧动作。人物的戏剧动作包括两个方面:表情动作和肢体动作,动画人物造型是为戏剧动作服务的。

其五,剧情决定了人物设计风格。动画人物的头身比例关系主要由人物的性格、年龄、性别、种族决定。头身比例关系决定了动画人物的戏剧动作。典型化是动画人物设定最为有效的手段,典型化具有良好的视觉传达和记忆效果,忠、奸、善、恶一眼可辨。典型化有助于形成一定的形式风格特征。

其六,剧情决定了角色的服装设计。服装可以决定人物的色彩属性,形成人物在动画场景中的色彩对比或协调关系。

2. 色彩设定

色彩设定是动画作品作为视觉艺术的基本要求,它不同于绘画上的设色,也不同于电影电视作品中的"美、服、化、道",它是动画作品艺术表现的基本手段之一。

色彩设定对于一部影视动画作品成功与否起着很大的作用,它有场景渲染、角色创造、彰显主题等作用。经过精心设计过的角色、场景色彩和色彩基调等,往往在影视动画片中带给观众强烈的视觉震撼和情感共鸣。

(1)动画作品的色彩设定决定动画作品的基调

色彩设定的类型、色彩基调,是影视动画作品基调的基本特征之一。作为影响一部动画作品成功与否的潜在因素,它产生的情境色彩和基本情调,对于周围环境气氛的营造、观影者情绪的调动以及动画作品类型和风格的确定起到决定性的作用。

无论是明快的喜剧(《冰河时代》),还是阴郁的悲剧(《僵尸新娘》),或是激烈的动作片(《功夫熊猫》);是古老的、现代的、优雅的动画片,还是通俗的动画片,它们的风格类型的确都是由其色彩设定的基调所决定的。

(2)画面构图上色的作用

画面构图上色的主要作用是渲染情节和场景。如下面这张《龙马神灯》百集系列漫画中的其中一页(见图9-1),人物和背景以及主角、周围人物和环境的关系,在彩稿中都更加清晰明确,突出了主要角色以及主角面对成人世界的无奈、孤独无助的情感状态。

图9-1 《龙马神灯》百集系列漫画线稿及彩稿

(3)人物角色的上色要突出性格

因为动画作品没有人直接参与表演,所以动画的色彩设定绝不仅仅是影视作品中的"美、服、化、道"。动画色彩设定承载的分量和对整个作品的影响要比影视中的"美、服、化、道"重得多,也大得多,这当然还需要我们在创作实践中不断摸索和总结。

### 四、创作动画脚本故事构思的一般技巧和规范

英国动画作家托比亚斯总结了影视作品经典情节的模式有20种,有一定的参考价值,特录如下:

搜寻:《绿野仙踪》《杰逊王子战群妖》《星球大战》

历险:《007系列》《夺宝奇兵》《柳林风声》

追求:《终结者》《异形》,Roadrunner动画系列

拯救:《搜索者》《七武士》《雷鸟神机队》

脱逃:《大逃亡》《午夜快车》《午夜狂奔》

对抗:《埃及王子》《孽扣》《烈火战车》

谜:《大侦探波罗》系列,《神探可伦坡》系列,《2001太空漫游》

复仇:《哈姆雷特》《猛龙怪客》《骗中骗》《致命吸引力》

弱者:《灰姑娘》《飞越疯人院》

诱惑:《浮士德游地狱》、Men Only、Take Me

变形:《蜕变》《惊情四百年》《狼人》

转化:《窈窕淑女》《化身博士》《玩具总动员》

成长:迪斯尼动画,《孤星血泪》《伴我同行》

爱情:轻喜剧《巴黎野玫瑰》

错爱:《罗密欧与朱丽叶》《巴黎圣母院》

牺牲:《末路狂花》

发现:Where There's Smoke、《白衣男子》

纵欲:《猜火车》《奥赛罗》《现代启示录》

神化:《象人》《洛奇》《脱衣舞男》

先祖:《愤怒的公牛》《七宗罪》《公民凯恩》《人猿星球》

(托比亚斯,1995年)

尽管这些模式不可避免地相互交叉甚至有待商榷,但是它们都中肯地概括了创作者可以用来参考的故事发展脉络。创作者要做的是在此基础上创作出富有新意的故事以满足观众得到情感、身体和智力享受的需要,以达到既符合他们的想象,又有些出乎意料的效果。

在创作动画剧本故事时通常要考虑的要素有:

故事发生的时间:这个时间的历史背景和环境对故事有没有影响?

故事延续的时间:故事发生在一个小时中还是几千年?

故事发生的地点:故事发生的地理位置对故事本身有影响吗? 如果有,它是如何影响故事发展的?

处于故事中心的角色:这个角色对剧情发展和重要的戏剧性冲突有什么样的决定性作用?

美国著名剧作家、导演罗伯特·麦基(Robert McKee)还总结了这些故事的一般情节链模式为:

成长:成长故事中的成年礼。

改过自新：主角幡然悔悟，由"坏"变"好"。
惩罚：正面人物转变成反面人物并受到惩罚。
考验：意志力与诱惑/妥协的故事。
教育：深刻反思消极的人生观，变得积极。
幻灭：世界观由积极转变成消极。

（麦基，1999年）

### 五、动画导演的职能概述

动画导演可以说是一部动画影片的"灵魂"。导演决定一部影片的艺术风格、形式、中心思想和制作标准，即能决定一部影片的最终命运。

动画导演工作一般分三个阶段：筹备期、拍摄期、后期制作。简言之，主要工作有：
◎ 参与动画片的创意和策划；
◎ 确定和定稿动画剧本；
◎ 确立该片的工作团队和分工职责；
◎ 写出导演阐述；
◎ 做好或指导执行导演完成分镜头台本；
◎ 检查各环节工作进度和质量；
◎ 亲自操刀或指导他人完成动画片的后期制作；
◎ 指导和组织动画片的人物或角色对白配音和同期录制（动画角色台词与配音）。

### 六、导演阐述

导演阐述是导演艺术构思的文字表述，在文字中要先阐明对剧本的理解、对主题大意的说明，再创造适合的角色，并对创作故事的叙述结构、讲述方式做设计，对影片风格、镜头运动、美术设计、音乐、背景、原画、动画及结局要达到什么效果等提出要求。导演除了需要对动画片的整体艺术进行把握以外，还要对影片投资和预算有良好的计划，否则可能会出现影片没有创作完成预算就已经超支了的情况。例如我们看到很多TV版动画影片前几集的制作都非常精良，可是越到结尾创作得越粗糙，这都是导演在资金和时间上安排有误所造成的。

**案例：国产动画影片《马兰花》导演阐述（原文节选）**

◎ 总论

《马兰花》作为经典儿童剧盛演50年，受到一代代少年儿童的欢迎，此剧不仅闪耀着我们伟大民族真诚、善良和勤劳的美德光彩，凝聚了无数艺术家的创作才华，而且也有着广泛的市场价值。从某种意义上讲，它已成为"世纪之花"。

将这部经典的童话剧改编成动画影片，既能提升影片的知名度，也能用动画这一充满生动想象的形式，来丰富原儿童剧的内容，使其突破舞台的局限，驰骋于无限的银幕。

新动画影片《马兰花》将延续童话剧的童话风格，以动画片的虚拟性在原有的基础上，深化主题，调整结构，融入环保、生存、和谐的新理念，使这部影片有一个全球语境下的大格局，并使剧情更合理，使故事更有趣，使画面更好看，有东方神秘感。

……

新动画影片《马兰花》将以"把幻想融入情感深处"作为创作理念，突出电影的功能、电影的视角、电影的叙事方式、动画电影的想象力，来重塑马兰花，使之无愧为"世纪之花"。

◎ 总体艺术风格

延续童话剧的童话风格，以动画片的虚拟性、电影叙事手法及镜头语言，充分发挥异想天开的想象力，并融入东方神秘感。

◎ 造型设计

与总体风格符合，即契合童话的特点，对象为儿童，故不要太成人化，也非写实化，但要有其质朴、脱俗，让人一见倾心的主角设计。人物造型力排日韩做派，在强调民族特点的宗旨下，要加入新时代的审美意识。人物造型应突出人物性格，造型和做戏要适合动画操作，造型强调外形的肢体语言，脸部表情丰富，留有表演的空间。

人物造型虽简单，但其中应有局部的特征和细节刻画。动物的造型也应与人物统一，有风格、有个性、有童话特点，并适合于动画操作。

人物色彩设计在协调中有对比，浓重而不失局部鲜亮，与场景相得益彰。

主要道具马兰花的设计应花些功夫，开、合的过程尽量有创意、有美感，并要考虑三维的制作。

◎ 场景设计

在总体艺术框架下，造型非完全写实，应有其风格化的概括和想象成分。马兰山是有仙气的神奇之山，郁郁葱葱，又云雾缭绕，地域特点是我国西南地区的特点，因其场景仅限于马兰山及其周围,故要特意划分出其不同区域的特点。

设计应强调透视纵深感及多层(前、中、后)景物交错运动感。

……

色调因时间、剧情而变化;因场景变化不多,色调上要多变,形成反差。

◎ 台本设计

台本设计除了一般要求诸如镜头连续、流畅、叙事清晰、构图有张力等之外,总体风格还应带有装饰意味及童话的想象力。此外,作为电影,当然考虑多机位问题,以加强电影语言的运用,应考虑加入镜头内及镜头外的巧妙运用,有利于拓展场面和增强动感。

◎ 音乐设计

由于《马兰花》改编自经典儿童剧,因此作为电影,其音乐部分尤为重要,要传承经典、超越经典。

在总体艺术风格框架下的音乐创作是童趣的、幽默的、轻松的、优美的、超凡脱俗的、富有想象力的。东方民族文化底蕴融入流行现代元素的音符,将交织出传达真、善、美的旋律。其中的主题歌要便于流行和传唱。

◎ 主要角色

马郎——20岁左右。马兰花的守护神。勇敢、善良、憨厚、正直、真诚,为了追求真正的爱情甘愿牺牲。

小兰——17岁左右。勤劳善良,敢爱敢恨,善解人意,向往纯真美好的爱情。

大兰——17岁左右。小兰的孪生姐姐。懒惰、虚荣、自私、怯懦,爱耍些小聪明、占些小便宜。

图9-2 动画影片《马兰花》的场景

藤妖——神经质,喜怒无常,心狠手辣,善使阴招。一心想夺取马兰花,以实现其毁灭其他动植物、霸占马兰山的阴谋,厌恶一切美好的东西。

◎ 次要角色

八喜——马郎的朋友,心地善良,爱说大话,其实十分胆小。

老猫——大兰的宠物。贪吃,懒惰,有点小聪明,对大兰忠心耿耿。

老爹——50岁左右。大兰、小兰的父亲,以采药为生,对各种药物药性了如指掌,并常常喜欢用中医药原理来打比方、讲道理,是个热情洋溢的可爱老顽童。

胖豪——机灵可爱的胖子豪猪。背上直到臀部长满黑白相间的长刺,生气时长刺会竖起来相互碰撞敲击出战斗的示威节奏。

老羚——壮年苏门羚。豪猪的好搭档。长得像牛又像羊,有两只弯角,背部有一排硬的鬃毛,十分威武。擅长在陡坡岩石间奔跑,能用硬蹄在岩石上敲打出鼓点的节奏,性格善良、憨厚、木讷,不善言辞。

◎ 群众角色

猴群——十几只群居的红面猴,红脸短尾。

小猴——刚出生没多久的小小红面猴,毛色是乳白色的,天真顽皮。

老猴——壮年雄性红面猴,秃顶,沉稳威严,对孩子十分慈爱。

小相、阿思——红嘴相思鸟。一对漂亮的甜腻恩爱情侣,永远成对出现,连说话也是一唱一和的。

螳螂——好强,喜欢用双剪子似的双"手"剪东西。

## 七、执行导演

电视动画片中的执行导演好比电影制作中的副导演。

动画片的执行导演一般是在制作大型动画片、动画电视连续剧或TV片时才会出现的角色。因为在制作一部动画长片时,导演所要做的事情很多,所以就需要有一个执行导演来辅助导演完成工作,但执行导演并不是导演的助理,而是可以自主独立完成工作的人。

在很多动画影片中,分镜头台本就是由执行导演来完成的。先由总导演给执行导演一些建议,再由执行导演完成台本。执行导演也是影片的第二负责人,他对全片质量起着关键作用,在一些大制作的动画片中,也可能会有多名执行导演分别负责不同的事务。

## 八、动画片的制作流程

动画编导也即动画导演,是一部动画片主要的创作人员,同其他影视创作一样,是处在核心位置上的——一部动画片将形成什么样的艺术风格,动画片的艺术质量将达到什么样的水平,如何指挥所有参与人员的工作情况,如何处理工作过程中出现的系列问题,如何把握动画影视片的情节和故事的走向,导演都是起决定作用的关键人物。在这一整个过程中,动画导演都是总指挥。动画导演不仅要对前期创作负责,还应对全片质量负责,即中期环节:原动画制作、描线、上色和背景绘制等,后期环节:音乐、音效、配音、摄影、剪辑、合成镜头等。这些环节稍有疏忽都会造成缺憾,影响全片的艺术质量。因此,动画导演必须对每一环节的工作都要十分熟悉,并能给予艺术和技术上的指导。一部动画片的制作流程大致如下:

1. 前期策划阶段及特征

(1)认真研究文学剧本;

(2)导演撰写导演阐述;

(3)人物造型和背景风格设计;

(4)导演完成文字和画面分镜头台本;

(5)先期音乐和先期对白的录音;

(6)放大设计稿;

(7)进行动作和摄影的风格试验。

2. 中期制作阶段及特征

(1)导演讲解分镜头;

(2)动画设计和动画的制作;

(3)镜头的背景绘制;

(4)校对检查;

(5)完成全片镜头的制作。

3. 后期合成阶段及特征

(1)素材剪辑;

(2)音乐、对白和效果的制作;

(3)双片鉴定和混录;

(4) 底片剪辑；

(5) 校正拷贝和标准拷贝。

因而,导演是完成一部动画片的关键人物,整部影片的成败也取决于他的努力程度和水平的高低。导演进行动画片的创作大致可以分为改编和原创两种方法。无论是改编还是原创,动画片的创作都要遵循动画片的基本原则,这是因为动画片具有它的特殊性和局限性。在一开始进行动画片剧本的改编或原创时,创作就必须适合于动画片的形式,要适合动画的制作要求。也就是说,导演的创作,应该在表现事物的冲突、动作、外观等可以直观感受并能吸引视觉记忆的地方进行,使动画片的视觉注意力、吸引力能够持续稳定地发展。另外,剧本的编写要具有适合动画形式的表现力和想象力,想象力越丰富越好,这些更能体现动画片的特色。当然,这样的想象力要有一定的生活基础。在一定真实基础上的人物想象,会使故事显得更生动、更有趣。此外,动画导演还要了解和掌握声音与画面配合后形成的整体效果。动画片中的声音具有自己的特色,无论是对白、音乐、动作、特效等都比一般影视作品要夸张得多,这些都是在动画剧本上要特别加以注意和体现的。另外,还需要动画导演研究和掌握影视"蒙太奇"的处理手法,在结构安排、细节处理上都要符合动画的结构特点,要通过蒙太奇的手法把动画片各个段落、各个镜头构成动画片的整体,把动画故事讲得生动、流畅,富于节奏感。

**经典解读**

### 解读动画片《大闹天宫》

上海电影制片厂于20世纪60年代出品的动画片《大闹天宫》(见图9-3)曾被誉为我国"最优秀的一部动画片"。它根据《西游记》原著的前七回改编而成。片子主题鲜明,基调昂扬,以神话形式反映被压迫者与压迫者之间尖锐的冲突与斗争,通过孙悟空闹龙宫、反天庭的故事,突出地表现了其敢做敢当、机智乐观、大胆反抗天威神权的无畏精神和斗争性格。

《大闹天宫》场面宏大,五彩缤纷,变化万千,妙趣横生,创作者以独出心裁的艺术构思和艺术表现手法,使作品的思想性和艺术性得到了完美结合。影片公映后,在国际上产生了巨大的反响,被称为"一部民族风格鲜明而成熟的杰作"。

《大闹天宫》已经诞生了半个世纪,但即使以今天的眼光来看,这部动画片依然称得上是一部精品。它的人物形象灵动可爱,画工精致,特别是天庭的祥云和孙悟空腾

**图9-3 动画片《大闹天宫》中孙悟空打上凌霄殿的场景**

云驾雾的场景,非常写意,带有敦煌飞天壁画的感觉。更难得的是画面并不单薄,很多时候一个画面有很多人物同时在动,但是仔细看来,各个人物又都很精致且神态各异,特别是花果山群猴幸福生活的片段表现得尤为明显。此外,整部作品的画风非常大气华丽,从气质上甚至可以类比《埃及艳后》之类的真人影片。《大闹天宫》还着力表现了中国古典文化的特色,亭台楼阁、酒杯提篮、玉帝宫女,大处磅礴,小处精致,让人不得不佩服创作人员天马行空的想象力。在人物造型上,《大闹天宫》还借鉴了传统的京剧造型,而显得更可爱、更卡通。

《大闹天宫》诞生的年代,是造反与革命成为一切文艺作品主题的时代,《大闹天宫》自然也不可避免地带有相当程度的意识形态方面的色彩。孙悟空在一定程度上成了一个无产阶级革命者的代表,不畏强权。对于自由的憧憬使得人们对孙悟空这个英雄人物产生了无比的热爱。人们都乐于看到这样的英雄的胜利,因为在英雄的身上寄托了人们对未来的梦想和对现世的不满。《大闹天宫》在《西游记》原著中截取了前七回,用一种简洁有效的方式重塑了孙悟空,这无疑是非常成功的。原著里面颇有心机又不知天高地厚的猴头,变成了单纯可爱、艺高胆大的草根英雄,直打上凌霄宝殿去,打败了看似威风无敌的天兵天将,甚至战胜了玉帝——这一人间仙界的最高统治者。精彩的情节使观众们欲罢不能,完全沉浸在剧情与人物中不能自拔。

**实训要求**

1. 在学校动画实训室和电视台进行电视动画短片的策划制作和播放。

2. 在实习实训中到校外动画公司进行短片动画策划创意或某一环节动画制作的实训或顶岗实习。

**作业**

1. 书面作业:谈谈动画导演工作的主要内容。

2. 实践作业:独立或组织一个多人团队策划并尝试制作一部动画短片。

**实践作业要求和实施步骤**

1. 搜集素材,构思并写出动画短片脚本大纲;

2. 撰写文字动画剧本,然后绘出分镜头台本;

3. 在电脑上用软件完成动画短片制作;

4. 力争在校内电视台进行试播放,以收集反馈意见进行修改。

**习作点评**

吉林艺术学院动画学院学生曾怀南的动画艺术短片《最后一个男人》(见图9－4)获得北京电影学院动画学院第四届学院奖。该片片长5分10秒,讲述的是假设世界上只剩下最后一个男人的时候会出现怎样荒诞的景象,就如同那个永远争论不清的问题——"世界是男人的还是女人的"一样矛盾有趣。他运用壁画装饰性的效果设计了这部短片,其中的人物设计是既仿原始又现代的独特符号式造型,短片画面变化丰富,音乐怪异起伏,整片观赏下来会带给观众完全不一样的感受。

图9－4 习作《最后一个男人》

**参考资料**

1. 孙立军.北京电影学院动画学院第四届学院奖——230部优秀原创动画短片作品集[M].北京:海洋出版社,2005.
2. 韦尔斯.剧本创作[M].贾茗葳,马静,译.大连:大连理工大学出版社,2008.
3. BEIMAN N.准备分镜图——动画编剧与角色设定[M].志应,王鉴,译.北京:人民邮电出版社,2008.
4. 张旗.动漫文学专业教程[M].北京:人民美术出版社,2010.

**附:关于我国动画高等教育发展前景的忧思与对策**

随着中国动漫产业的飞速发展,社会对动漫人才特别是创意设计人才的需求量激增。在21世纪初期不到十年的时间内,动漫企业从数百家发展到了5600多家,从业人员超过了20万人,动画片年产量超过了22万分钟。每年都有300家以上的新的动漫企业登记注册,中小动画公司的员工规模一般为20-30人左右,因此每年至少有上万人进入动漫行业就业。在招聘网站上公开发布岗位招聘告示的各种动漫影视制作公司、游戏公司、软件公司也几乎是数以万计的。

从人才培养层面来看,虽然动漫产业需要人才,而高校动漫类专业近年的就业率却依然不算高。因此,面对当前我国迅猛发展的动漫文化产业和动漫类高等教育的形势,人们心头难免充满忧思。

一忧动画人才培养的规划和一线市场难以对接。

就这几年参与动画市场调研,对动画专业毕业生就业情况跟踪的经验和结果来看,我们高校培养的动画人才,大部分毕业生到企业后还要自己再花2万元以上的费用参加公司的一线培训才能适应动画生产岗位的要求。

相关数据显示,毕业生若没有经过800—1000课时的严格而且科学的教学和培训,无论是动画场景、游戏场景,还是动画及游戏角色乃至动画的整体呈现,任何一个方面的制作技能都无法真正掌握。这绝非开设上十几门课程,每门几十个课时就可以奏效的,而应该大幅度调整教学计划,要触动整个学院一贯的教学计划制订和实施的常规习惯和传统规范。这不是仅凭一个专业之力就可以办到的。

二忧高档的动画设施在大部分高等院校难以到位。

我们知道像北京电影学院和深圳职业技术学院这类国家级的示范高校里,动画学院的设施动辄以几千万元计,而在一般院校,购置上百万元的设施都需要付出艰辛的努力,但这一工作往往又是由无权无钱的专业负责人去实施的,其艰辛程度可想而知。

笔者在几所民办院校进行过调研,其动画设施费用都控制在百万元之内,且设施的申请和置办依然费了九牛二虎之力。

三忧合格的教师队伍组建难。

这是一个新兴的专业,国内动画专业的硕士生不多,而大部分高校的人事部门又要求教师的任职资格起码在硕士以上。实际上很多动画专业的硕士生的本科阶段不是学动画专业的,他们在硕士阶段学了三年的动画(不少硕士在本科时学美术或者艺术设计),很难说他们一定比那些扎扎实实学了四年动画专业的本科生在动画的知识和技能上强多少,或许甚至还不如一个动画专业的本科生。让一个在动画行业干了多年的技师来高校任教,这往往是必要的,但实际问题会更多,首先是他们大多学历不高,但实际技能高,在公司待遇也不低,到了高校一是学历不够,二是即使进来了工资也不会高。因而矛盾很大,难以实施。

四忧校企合作,在校外实训基地实施项目式教学也不易。而项目式教学对于培养合格的动画毕业生又是十分重要的。

因为一般来说,学校不大愿意给企业付钱(尽管在企业实训期间学生不在学院上课却已交了学费,学院却未必愿意把这部分学费付给企业),企业又不大愿意接受还不能达到上岗要求的学生。学院还认为它已为企业提供了廉价劳动力,而企业则认为给不合格的学生提供辅导又不收费是一桩赔本买卖。这样就把本来是双赢的事情人为做成了两不情愿的事情。且当前在这方面并没有出台过相应的政策措施,全凭当事双方的自我认知而定。

面对以上现状,笔者认为可从以下几方面着手。

其一是教育部应会同有关部委出台相关政策,积极鼓励校企合作,用适当免税、国家补贴等措施,对于接纳大学生实训的企业和学生个人给予必要优惠,对于大学生也给予相应的生活补贴,以使动画专业大学生甘心和乐于到企业进行实训。

其二是应鼓励各个高校加大专业建设和教学改革的力度,对于应新兴产业而生的新专业在人才培养方案的制定上,给予更大自由。要积极鼓励它们打破传统模式,在课程设置、课时分配、教学方法、校企合作等诸多方面积极实验,大胆改革。

其三是教育部应制定有关新建专业的实验实训室基本设施标准,定期用评估的办法确保院校在这方面的投资迅速达标,以保证新建专业的专业建设和教学改革正常运作。

其四是加强院校间和国际院校间动画专业建设和教学改革经验的交流和互动,及时总结经验、交流信息,相互学习,推广新的教学经验和举措。

其五是鼓励动画行业高手进入高校,采用特殊政策使之安心在高校工作,且在各方面的利益不受影响,使其愿意以自己的一技之长为培养高技能的动画人才贡献才智和心血。比如在工资待遇、职称评定等方面对这些人才给予必要的支持和相应的鼓励。

未来,我国会发展成为一个动漫大国,但要成为一个真正的动漫强国还要走很长的路。在这一未必十分遥远的康庄大道上,高校动画专业的教师们肩负着十分光荣和艰巨的人才培养任务,有责任为之不懈努力。

# 参考文献

1. 费尔韦瑟.演播室导演[M].顾洁,译.北京:北京广播学院出版社,2004.
2. 桂青山.影视编剧教程[M].北京:北京师范大学出版社,1997.
3. 胡智锋.电视节目策划学[M].上海:复旦大学出版社,2006.
4. 刘宏球.影视艺术概论[M].上海:上海文艺出版社,2002.
5. 宋家玲,张宗伟.电视片写作[M].上海:中国广播电视出版社,2003.
6. 王心语.影视导演基础[M].上海:北京广播学院出版社,2001.
7. 王云缦,果青,张捐中.电视艺术辞典[M].北京:学苑出版社,1991.
8. 威利斯,艾利恩佐.电视脚本创作[M].李瑛,译.北京:中国广播电视出版社,1991.
9. 魏南江.优秀电视节目解析[M].北京:中国传媒大学出版社,2007.
10. 曾迪来.影视广告设计[M].长沙:中南大学出版社,2001.
11. 张家平,袁长青.影视广告经典评析[M].上海:学林出版社,2005.
12. 张静民.电视节目创作与编导[M].广州:暨南大学出版社,2004.
13. 张莉,张君昌.中国电视十佳新闻栏目[M].北京:新华出版社,2004.
14. 郑保章.电视专题与电视栏目[M].北京:中国广播电视出版社,2007.
15. 周星,谭政.影视欣赏[M].北京:高等教育出版社,2004.
16. 近年《北京电影学院学报》《当代电视》《中国广播影视》《大众电视》《解放军艺术学院学报》等部分期刊、杂志的相关文字资料及其图片。